张久和　刘国祥　主编

中国古代北方民族史

黠戛斯卷

王　洁　著

科学出版社
北　京

内 容 简 介

黠戛斯是唐代北方民族，居于剑河上游。840 年，黠戛斯击溃回鹘汗国，打破了蒙古高原与中亚的格局，为古代蒙古民族共同体的形成创造了客观条件。本书利用文献与考古资料，探究了黠戛斯的族名族源、历史变迁、政治军事制度、经济生活、与唐朝及北方诸族的关系及其文化习俗，是国内外第一部系统全面研究黠戛斯历史的学术著作。

本书适合于从事历史学、考古学、民族学等方面的专家、学者以及对北方民族史感兴趣者参考阅读。

图书在版编目（CIP）数据

中国古代北方民族史. 黠戛斯卷 / 张久和，刘国祥主编；王洁著. —北京：科学出版社，2021.8

ISBN 978-7-03-069016-6

Ⅰ.①中… Ⅱ.①张… ②刘… ③王… Ⅲ.①黠戛斯－民族历史 Ⅳ.①K289

中国版本图书馆 CIP 数据核字（2021）第 104807 号

责任编辑：孙 莉 雷 英 王 蕾 / 责任校对：王晓茜
责任印制：赵 博 / 封面设计：张 放

科学出版社 出版
北京东黄城根北街 16 号
邮政编码：100717
http://www.sciencep.com
三河市春园印刷有限公司印刷
科学出版社发行 各地新华书店经销
*
2021 年 8 月第 一 版 开本：720 × 1000 1/16
2025 年 3 月第六次印刷 印张：11
字数：220 000

定价：128.00 元

（如有印装质量问题，我社负责调换）

国家社会科学基金重大委托项目“蒙古族源与元朝帝陵综合研究”（批准号12@ZH014）学术成果编辑委员会

《中国古代北方民族史》编辑委员会

《中国古代北方民族史》工作组

组　　长：刘国祥　白劲松

副 组 长：孙　莉　陈桂婷　王　珏　冯　科

成　　员（以姓氏笔画为序）：

于伯乐　于昊申　王　苹　王石雨　王东风

田彦国　白志强　邝漫华　任　翔　刘玉莹

刘旭东　刘江涛　孙　冰　宋岩金　张　宇

张克成　林　睿　哈　达　姜天华　栗媛秋

曹　磊　康准永　雷　英　燕云辉

作 者 简 介

王洁，女，蒙古族，毕业于内蒙古大学，历史学博士。内蒙古师范大学历史文化学院副教授，硕士研究生导师。研究方向为北方民族史，主攻黠戛斯历史研究。发表学术论文近20篇，参加编写《内蒙古通史》《草原文化史论》《内蒙古民族关系史》等多部著作。主持完成国家社会科学基金一般项目《古代黠戛斯历史研究》及省部级课题2项，参与完成国家社会科学基金项目《内蒙古通史纲要》等多项。先后获内蒙古自治区哲学社会科学优秀成果政府奖多项。

北方民族史是中国历史的有机组成部分

——《中国古代北方民族史》(代序)

张久和　刘国祥

《中国古代北方民族史》(十卷本)经过策划、组织、研究和编辑工作,即将付梓。这是倡导者、组织者、研究者和编辑者诸同仁共同努力的结晶。面对多年来北方民族史领域丰富的学术成果,选择十个民族、按照大体一致的体例进行进一步的系统研究,力求在学术上有所推进,这对每一位研究者都具有很强的挑战性。今天,我们怀着惴惴之心把十部书稿呈送于学界,以求在学术难点、值得深度研讨的问题等方面引发更为深入的思考,探求更为全面、更为系统的学术研究途径,以期共同推进中国古代北方民族史的研究。

长期以来,前辈学者对中国古代北方民族史的研究取得了丰硕成果。中国国内,马长寿先生《乌桓与鲜卑》、林幹先生《匈奴通史》、田余庆先生《拓跋史探》、周伟洲先生《敕勒与柔然》、段连勤先生《丁零、高车与铁勒》、薛宗正先生《突厥史》等论著,基本都是以族别史体例研究北方民族史的力作,解决了许多悬而未决的问题,探寻出一些值得借鉴的研究方法,启迪着学者们的思路。1977年由内蒙古自治区蒙古语文历史研究所历史研究室、内蒙古大学蒙古史研究室编写出版的《中国古代北方各族简史》,2003年林幹先生的《中国古代北方民族通史》,在北方民族的通史性成果方面具有开创性。其他国家和地区的学者也向学界奉献了学术亮点独特的论著。法国汉学家德吉涅《匈奴、突厥、蒙古及其他西方鞑靼人通史》、英国学者巴克尔《鞑靼千年史》、法国史家勒内·格鲁塞《草原帝国》等著作,均涉及多个欧亚草原游牧民族的历史。

近些年来，随着改革开放各项文化事业的蓬勃发展，各族人民日益增长的物质文化、精神文化需求不断提高，对历史的关注度不断强化，北方民族史研究也越来越受到重视，促进了相关研究向前发展。学术成果的积累，科研团队的形成，研究出版经费的保障，为全面系统地研究中国古代北方民族史，编纂和出版北方民族史著作带来了机遇，提供了条件和保证。这部十卷本的《中国古代北方民族史》就是我们的一个初步尝试，付梓之际，诚待学界赐正，并期待对学术发展、社会文化进步有所裨益。

一

中国古代北方民族在广义上是对历史上曾经活动在中国古代北方地区的各个民族的总称；学界也有从狭义上专指以蒙古高原及周边地区为主要活动地域、以游牧业为主要生产生活方式、操阿尔泰语系诸语言的各民族的看法。国内学界一般将其简称为“北方民族”；国外研究者基于不同的认识，称其为“马背民族”“骑马民族”等。从狭义上讲，中国古代北方民族的历史，既包括蒙古族兴起以前的诸北方游牧民族史，又包括古代蒙古史。由于蒙古族兴起后，经过多个世纪的漫长岁月，已经由一个古代民族逐渐发展为现代民族，而且，早期蒙古史一般又与元史、北元—明代蒙古史、清代蒙古史及近现代蒙古史形成了比较完整的研究体系。因此，学界一般就将中国古代北方民族史的研究对象集中在公元前 3 世纪至公元 13 世纪活动在蒙古高原及周邻地区的各个民族，并形成了以族别史为特征又大体可以按照时间顺序研究的北方民族史研究体系。这些古代民族主要涉及匈奴、东胡、乌桓、鲜卑、柔然、敕勒—高车、铁勒、突厥、薛延陀、回鹘（回纥）、黠戛斯、契丹、库莫奚、室韦—达怛等各个游牧民族的历史。至今，学界针对这些民族的研究，已经涉及族源、政治、经济、风俗习惯、文化传承等各个方面，成果颇丰，学术争议点亦较多。而经过对各个民族历史的专题研究，努力寻求中国古代北方民族整体发展的历史规律仍然是有待突破的重点与难点。

中国历代汉文典籍中有关北方民族的历史记载是从事研究的基本史料。《史记》《汉书》《后汉书》《三国志》《晋书》《魏书》《北齐书》《周书》《隋书》《北史》《旧唐书》《新唐书》《旧五代史》《新五代史》《辽史》等纪传体史书，《资治通鉴》《续资治通鉴长编》等编年体史书，《通典》《通志》《文献通考》等典志体史书，《唐会要》《五代会要》等会要体史书，《元和郡县图志》《太平寰宇记》等地理总志以及《太平御览》《册府元龟》等大型类书以及其他体裁的古籍，均保留着与北方民族历史有关的史料。不过，由于各类史籍的成书年代不同，后出史书往往与先成史书有着抄录关系，内容也存在程度不同的沿袭继承；而且，随着历史的发展和情况的变化，后出史书又常常收录了为先成史书所不载的资料，增加了某些新的内容，加大了辨别取舍的难度。另外，各代史家对北方民族资料掌握的多寡不同，取舍角度有别，记述方式有异，所记内容与实际情况可能有一定出入，或存在误记错记等情况，也必须因时、因地、因人，因事详加考辨，方可在不断的研讨中逐步接近真实。尤其值得注意的是，由于历代中原史家不同程度地受到时代、民族、地域、立场和思想文化等诸方面的局限，也在相关文献中反映出对北方民族的歧视和偏见。基于上述，尽可能全面、系统地占有研究北方民族历史的汉文文献史料，并且进行详细比对、辨析，探明史源关系，明确史料价值，摒弃各种偏见，坚持客观评判的标准，在研究北方民族历史工作中显得格外重要。除了汉文史料以外，粟特文、突厥文、回鹘文、契丹文、西夏文、蒙古文、波斯文等文字的文献，多为北方民族记载的其自身的历史活动，有其不同的视角、内容、观点和方法，虽因文字的掌握与识读存在较大的难度，但对于全面深入研究北方民族历史文化却具有独特珍贵价值。中国学界不乏倡导和践行利用多语种文字史料进行综合研究的专家学者。

中国古代历史文献，记载内地王朝史一般都较为系统和丰富，相比之下，同一部古籍中有关北方民族史的史料则显得零散和匮乏。仅以记录北方各民族历史内容最多、最系统、相对可靠的正史即“廿四史”为例，与北方民族有关的史料主要是列传中的各族专传和纪、传、志、表当中的散见史料，系统性与涵盖面均存在误漏，甚至难以成章，形成研究中的诸多难题。因此，除了稽考、辨析、使用文献史料作研究以外，利用考古资料进行北方民族史研究也是学界传统。百余年来，北方民族的物质文化遗存有多少不等的发现，相关资料和研究成果相继发表，程度不同地为研究者提供了难得的研究依据。匈奴遗存主要集中在外贝加尔、蒙古国和中国境内的北方草原地带，发表的考古资料与研究性成果较多。其中，蒙古国境内的诺彦乌拉、高勒毛都，中国境内的桃红巴拉、阿鲁柴登等匈奴墓葬，为研究匈奴历史文化提供了珍贵的实物资料。乌桓的考古学文化虽然没有确论，但学界对夏家店上层文化、井沟子墓地、平洋墓葬、西岔沟墓群的探讨，对探究乌桓史有着重要的参考价值。拓跋鲜卑早期遗存主要集中发现于中国内蒙古呼伦贝尔地区，嘎仙洞遗址，扎赉诺尔、完工、孟根楚鲁、拉布达林墓葬等资料，为研究早期拓跋鲜卑史提供了重要依据。柔然考古学文化虽尚未被正式识别出来，但高昌文书等出土文献与《茹茹造像碑题记》《魏开府仪同长广郡开国高公妻茹茹公主闾氏墓志》等碑刻墓志丰富了柔然史资料。重要的突厥卢尼文碑有《暾欲谷碑》《阙特勤碑》《毗伽可汗碑》，与回鹘有关的碑铭有《磨延啜碑》《铁尔痕碑》《九姓回鹘可汗碑》等，在叶尼塞河流域发现的碑刻资料则多与黠戛斯有关。突厥、回鹘、黠戛斯的碑铭资料为研究提供了新的视角和维度，是研究北方民族历史文化的珍贵史料。此外，中蒙联合考古队确定了蒙古国的四方形遗址为回鹘贵族墓地，从而填补了回鹘考古学文化领域的空白，为研究回鹘历史文化提供了宝贵的考古资料。契丹的考古遗存早期以平民墓葬为主，辽朝建立后的耶律羽之家族墓、陈国公主与驸马合葬墓、吐尔基山辽墓、萧贵妃墓等资料，对契丹早期历史文化的研究也有重要参考作用。库莫奚考古目前可以确定的是《大王记结亲事碑》《奚国质子热瓌墓志》等十余通属于奚人的碑刻材料，内容或为史书所未载，或可与文献史料相印证，具有珍贵的史料价值。室韦考古学文化的发现、识别和研究，对于探索蒙古族族源具有重要学术意义。西乌珠尔、谢尔塔拉、岗嘎等墓葬资料的研究与运用，无疑使室韦历史文化的研究内容变得更加充实可靠和丰富多彩，并为蒙古族发祥、兴起于呼伦贝尔提供了确凿证据。总之，与北方民族相关的考古资料，在很大程度上有效地起到了与文献交互印证、补充文献记载之不足、纠正文献记载之错谬的作用。因此，充分结合运用考古资料研究北方民族史，将考古学与历史学密切结合是十分必要的。

先秦时期，北方民族已见载于史册。荤粥、猃狁、诸戎狄与商、周及春秋时期北方诸侯国，东胡、匈奴、林胡、楼烦与战国时期北方的燕、赵、秦诸国均有和战关系，东胡、匈奴、丁零等北方诸民族之间亦关系密切。秦末汉初，匈奴势力强大，东破东胡，西击月氏，北服丁零，控制蒙古高原及其周边，第一次建立了统一中国古代北方地区的游牧政权，与中原政权共同缔造着祖国的历史。东胡被击溃后，溃散的部众分别据保乌桓山和鲜卑山，因山名族，称乌桓、鲜卑。两汉时期，乌桓先后三次南迁，逐步进入中原北部，与汉、鲜卑、匈奴等融合。东汉时期，匈奴衰弱，南匈奴南迁入塞，北匈奴连续遭逢东汉联军攻击，最后远走西域，留下了值得重视的历史文化。蒙古高原上的匈奴余部并入鲜卑，鲜卑由此渐盛，继匈奴之后控制大漠南北，建立了地分东中西三部的部落军事大联盟。联盟瓦解后，鲜卑逐渐分化形成慕容、宇文、段、拓跋、秃发、乞伏诸部。魏晋南北朝时期，各支鲜卑渐次南迁，逐鹿中原，加入到民族大迁徙大融合浪潮之中。慕容、宇文、段、拓跋等部相互征伐，宇文战败，从中分化出契丹、库莫奚二部。同期，鲜卑后裔室韦见于文献著录，与契丹、库莫奚地分南北，活动于东胡及其后裔曾经往来驻牧的地区。吐谷浑自慕容鲜卑分离，迁徙甘青地区，后建立吐谷浑政权，史事绵延，直至唐代。慕容建立前燕、后燕、西燕、南燕，拓跋建立代，秃发、乞伏建立南凉、西秦等区域性政权。匈奴后裔建立有汉、前赵、北凉、大夏等政权。南迁的丁零也建立了翟魏政权。丁零后裔亦以“敕勒”“高车”“铁勒”等名称为史书所记载，分布于漠南漠北。最终拓跋鲜卑建立的北魏统一中国古代北方地区，形成了南北朝对峙格局。同期，东胡苗裔柔然兴起于大漠南北，建立柔然汗国。南北朝末期，随着柔然的衰败，突厥兴起并灭亡柔然，成为蒙古高原霸主，建立突厥汗国，强盛一时。唐初，突厥汗国被唐灭掉，大量突厥民众曾进入内地。后来突厥贵族重新建立游牧政权，再度控制蒙古高原。隋唐时期，铁勒分化出许多大大小小的部落。其中，铁勒部落中的薛延陀、回鹘在反抗突厥统治的过程中逐步强大起来，薛延陀一度建立政权，称雄漠北，后被唐灭亡。回鹘灭掉东突厥后汗国，建立回鹘汗国，与唐朝关系密切，9世纪中期被黠戛斯击溃。隋唐时期，进入中原的鲜卑逐渐融合于汉族以及各族之中。契丹与奚在突厥、回鹘不断衰落的过程中日益强大起来。唐末，契丹最终兼并奚、室韦等周边各族，随后在五代政权的更迭中得到燕云十六州之地，建立了与北宋对峙的辽朝政权。与蒙古族源关系密切的室韦各部，在唐代又被诸突厥语族部落称为达怛，并为唐朝中原人接受。蒙古族的祖先部落“蒙兀室韦”首见《旧唐书》记载，“蒙兀”是“Mongghol”（蒙古）的最早汉字译写形式。蒙古族发祥于今内蒙古额尔古纳河下游东南。唐朝中期以后，室韦—达怛诸部乘回鹘汗国衰亡之机，陆续西迁蒙古高原核心地带，或南迁至中原北部边塞。不难看出，在数千年的历史长河中，在中国古代北方地区，各个民族名号不断更换，政权轮番交替，与中原的往来绵延不绝、从未间断。辽金时期，与蒙古族有渊源关系的各部逐步壮大。至 13 世纪前后，在语言、地域、文化和经济生活上具有共同性的蒙古高原诸部具备了形成新的古代民族共同体的条件。1206 年，铁木真统一蒙古高原诸部，在继承众多北方民族长期分化和融合历史的基础上，以室韦—达怛部落为核心和主要成分，吸收契丹等蒙古语族和回鹘等突厥语族部落，建立了大蒙古国（Yeke Mongghol Ulus）。至此，蒙古高原上大大小小的部落和民族兴衰演替的历史始告结束，各有名号的部落、民族统一在了“蒙古”名下[①]，古代蒙古民族共同体初步形成。蒙古族成为北方民族历史文化的集大成者，掀开了中国历史的新篇章。

北方民族以畜牧、狩猎为生业，“游牧”是其经济形态，“行国”是其政治表征。游牧经济比较脆弱，更多地依赖于自然环境和气候条件，迫切需要农副产品作为生产、生活的补充；农耕经济以定居为主，也十分需要游牧经济产品。游牧与农耕经济之间的差异性、互补性，导致双方谁也离不开谁，形成了互相依存、互相促进的格局。和平时期，官方、民间贸易交换频繁，各取所需；对峙争锋阶段，双方的战争也往往是经济因素在起着诱因和主导作用。许多时候，北方游牧民族及其政权更看重经济利益，更多地从经济角度出发制定策略，采取政治、军事行动；中原农耕民族及其政权包括入主中原的北族政权则常以中心、正统自居，更看重政治名分。经济发展的内在动力，使繁衍生息于蒙古高原及其周边地区的北方民族，掀起了一波又一波的向中原地区的南迁、南进运动，先后建立了统治区域大小不等的政权，与中原农耕民族发生了密切的政治、经济、社会和文化联系。匈奴、柔然、突厥、回鹘、契丹、蒙古等

① 亦邻真：《中国北方民族与蒙古族族源》，《内蒙古大学学报》1979 年第 3、4 期。

建立的政权，打通了欧亚大陆草原世界，使得各民族之间的经济文化交流更为频繁，更为广泛，其历史不但是中国历史的有机组成部分，并且也成为亚洲史、欧洲史的研究内容。鲜卑、契丹、蒙古等民族更是建立了囊括中国古代北方地区和中原地区的政权，或统治中国古代北方，或实现了全国大一统，直接把游牧和农耕两种文化融汇在一起，你中有我，我中有你，互相认同，在深刻地改变和创造中国历史的同时，也在潜移默化地改变和重塑着自己。

史实证明，在中国历史上的各个时期，都有北方民族程度不同地参与到创造中国多元历史文化的进程之中，印证了中国的历史是由各民族共同创造的发展规律。

二

中国古代北方民族史历来备受国内外学术界的重视，论著颇丰。但是，由于研究者所处时代不同，立场、价值观、研究方法等有别，加之资料匮乏，今天看来，有些成果多带有时代的烙印，存在争议而尚未解决甚至难以解决的问题较多，在一些具体问题上形成了许多不同的观点，也构建了某些不同的话语体系。近代以来，由于中国陷入半封建半殖民地社会深渊，国家影响力大幅度降低，历史学研究的环境、条件、人才等均遭受到严重的桎梏与影响，在北方民族史研究领域的话语权逐步弱化。与此形成鲜明对比的是，19 世纪末以来，西方和日本学界对于中国古代北方民族史的研究日趋深入，其理论方法和研究成果迭出，形成了多种话语体系并存的局面。在试图阐释中国古代北方民族历史进程的时候，对国外学界的相关说法予以关注和述评，明确我们的初步认识和看法，是十分必要的。

（一）西方汉学与“内亚史观”

19 世纪末 20 世纪初，传统汉学在西方逐渐转化为一门独立学科。法国学者沙畹（Édouard Émmannuel Chavannes）将汉文文献与西方实证主义史学相结合，使汉学逐渐发展成为现代化的专门学科。伯希和（Paul Eugène Pelliot）结合文献学与历史比较语言学，发展了历史语言学考证法，沿用了欧洲早期汉学家惯用的“高地亚洲”（la Haute Asie）概念，并将地中海、印度与中国中原地区之间七八百万平方千米的广阔“弓形”地域统称为“中央亚细亚”（Central Asia），认为“中央亚细亚”既是地中海世界、印度与中国中原地区之间的地理屏障，又是这三个文明中心之间的联系纽带，彼此之间联系与影响的程度虽因历史变迁有所差异，但从未间断[①]。

塞诺（Denis Sinor）在“高地亚洲”概念基础上提出了大体相同于中央欧亚（Central Eurasian）的“内亚”（Inner Asia）理论，他将中央欧亚视为一个不同于周边文明板块的独立的文明区域，其中又可以根据自然环境、经济生活和语言文化的差异，划分出若干的亚文化类型。游牧生产生活方式是这些类型中最为成功的一种[②]，而不同的亚文化类型在历史进程中逐渐向趋同性发展。中央欧亚在大多数历史时期都是挑战欧亚各大文明的“蛮族”的活动舞台，“传统文明的承载者与来自内亚的蛮族之间的冲突对抗与交流互动，构成了理解人类历史发展的一条基本主线”[③]。

美国学者傅礼初（Joseph F. Fletcher）是内亚史观的代表人物之一。语言上的优势使他能够打破汉学、阿尔泰学与伊斯兰学之间的藩篱，站在“全史”（Integrative history）的角度来审视内亚在世界历史中的地位和作用，进而总结内亚游牧帝国演变转型的规律性问题。而对20世纪中后期现代社会学、政治学、人类学等社会科学理论的吸收，则进一步促使其从宏观上思考欧亚大陆各地区历史发展的趋同性与合流性问题。他认为，历史现象中存在“关联性”（interconnections）与“延续性”（continuties）现象，而要认识这两种现象，就必须先要对不同地域之间的社会、经济、文化等领域的平行性现象进行研究，考察其内在联系，

① 〔法〕伯希和：《高地亚洲》，耿世民译，《民族史译文集》第6辑，中国社会科学院民族研究所，1978年，第1—3页。

② 〔美〕丹尼斯·塞诺：《论中央欧亚》，《丹尼斯·塞诺内亚研究文选》，中华书局，2006年，第5页。

③ 钟焓：《重释内亚史——以研究方法论的检视为中心》，社会科学文献出版社，2017年，第3页。

归纳出欧亚大陆人类社会的整体发展趋势[①]。

拉铁摩尔（Owen Lattimore）也是20世纪美国著名的内亚史学者，在塞诺提出“内亚”理论之前，拉铁摩尔已在对中国北方田野调查与文献研究的基础上形成了“中国边疆理论”。拉氏关注的“内亚”仅限于当时中国境内的蒙古、东北、新疆、西藏四个地区，并没有后来塞诺所认为的那样广阔。他将中国的这四个边疆地区视作各自具有独立地理环境、社会、经济和政治特征的有机整体，建立了一套历史学与历史地理学、社会生态学相结合的理论体系，用以探究每个边疆地区内部的机制特性，进而考察每个地区与中原地区的关系特征[②]。拉氏认为，特定的地理环境决定了每一边疆地区的经济形态，进而在经济形态上产生出不同的社会与政治形态。

“内亚史观”从北方民族和内陆边疆的视角来审视欧亚大陆历史的变迁与发展，对于习惯了从中原王朝视角看待内陆边疆与北方民族的中国传统史学来说具有启发和借鉴意义，从方法上讲，有助于推动北方民族史研究的发展。但“内亚史观”片面强调内陆亚洲在地理环境、经济生活、政治传统、文化习俗等方面的独特性、差异性和连续性，罔顾中国古代北方地区与中原地区、北方游牧民族与中原农耕民族之间长期密切的政治、经济、文化联系，淡化双方的共同性和相互影响、互相依存、彼此交融的历史事实，忽视北方游牧民族对中原地区的向心力与相互认同的历史事实，刻意构建“内陆亚洲”文化本位和独立的“内亚体系”“内亚传统”，一定程度上存在解构中华民族多元一体民族观和统一多民族国家观的意图。对此，我们应当有清醒认识。在研究中，要把握中国古代北方民族史与所谓“内亚”民族史的本质区别、中国古代北方民族史与中华民族多元一体格局历史发展的内在有机联系和多民族共同创造中国历史的大原则。

---

① Joseph F. Fletcher. Integrative history: parallels and interconnections in the early modern period, 1500-1800 [《全史：论早期近代（1500—1800）的平行化与关联性》]. Studies on Chinese and Islamic Inner Asia. Variorum Ashgate Publishing Limited, 1995, pp.1-35.

② 〔美〕拉铁摩尔著，唐晓峰译：《中国的亚洲内陆边疆》，江苏人民出版社，2010年，《译者的话》第2页。

（二）日本的“东洋史学”

日本明治维新后，国力迅速增长，在“脱亚入欧”思潮影响下，开始向西方列强学习，走上了对外侵略扩张的道路。为了服务其政治需求，以中国、朝鲜等东亚或东北亚国家的历史、地理、文化等为主要研究对象的所谓“东洋史学”应需而兴，而且，与军事侵略目标相关联，提出了一系列论调，在北方民族史研究领域形成了殖民色彩浓郁的“东洋史学”话语体系。

白鸟库吉等人以兰克学派的实证主义为指导，在研究过程中注重文献考证与实地调查有机结合，形成了“东洋史学东京文献学派”，其学术成果在一定程度上促进了北方民族史研究的进一步深入。然而，为日本帝国主义殖民扩张服务的主要目的，却使其论著体现出了强烈的政治意图和鲜明的殖民主义色彩。

白鸟库吉等人着意构建了“满鲜史观”，提出了“间空地论”与“南北二元对抗论”。“满鲜史观”的本质即“满鲜一体论”。认为“满洲”与朝鲜半岛在历史上种族相同，文化习俗与宗教信仰相近，是一个不同于中国内地的独立的历史地理单位[①]。“间空地”系指三方势力处于均衡态时的缓冲地带，一旦这种均衡态被打破，“间空地”便会被实力相对强大的一方所占据[②]。在“满洲”和朝鲜半岛的历史上曾多次出现过“间空地”，而这些“间空地”实质上是“无主之地”，不属于中国和朝鲜任何一方[③]。可以看出，所谓的“间空地论”实际上是在为日本侵占中国东北和朝鲜半岛提供“历史依据”和“学理依据”。

“南北二元对抗论”的核心含义，则是人为地将中国古代北方游牧民族与中原汉族割裂开来。认为历史上的匈奴、夫余、肃慎、乌桓、鲜

---

① 〔日〕旗田巍：《满鮮史の虚像》，《日本人の朝鮮観》，勁草書房，1969年，第138頁；〔日〕稲葉君山：《満鮮不可分の史的考察》，《支那社会史研究》，大鐙閣，1922年，第299頁。

② 张文静：《〈满洲历史地理〉的学术特征及观点倾向》，《史学集刊》2015年第4期。

③ 〔日〕白鳥庫吉：《白鳥庫吉全集》第十卷，岩波書店，1971年，第152、153頁；〔日〕白鳥庫吉監修，箭内亙、稲葉岩吉、松井等：《滿州歷史地理》第一卷，南滿洲鉄道株式会社，1913年，第44、45、81頁。

卑、室韦、柔然、突厥、契丹、蒙古都是与汉族敌对的“外族”或“外国”，整个东亚大陆的历史就是以长城为界的中原汉族与北方民族对抗的历史[①]。这种论调将“汉地”等同于“中国”，刻意突出南北民族间的对抗史，而对各族关系发展中在时间、空间占主要地位的封贡、和亲、互市等和平交流史视若不见。

日本的矢野仁一是“东洋史学京都学派”的代表性人物，主要致力于中国近现代史的研究，是日本中国近现代史研究的重要开创者。在为日本帝国主义侵华提供“理论依据”方面，矢野比白鸟等人更加积极，也走得更远。从20世纪20年代开始，他先后发表了《支那无国境论》《满蒙藏非支那本来领土论》《支那非国家论》《历史上满洲的支那主权无根据论》《日本在满蒙的正当地位》等一系列文章，公开鼓吹“满蒙非中国论”“长城以北非中国论”“中国非国论”等谬论。在矢野搭建的体系中，中国领土的形成是近代以来列强与清政府交涉的结果，古代中国并没有明确的领土和边境概念，中央政府实际能够控制的领土大多局限在长城以内。矢野的这套理论不仅为日本帝国主义侵华提供了“合理”依据，还妄图解构中国各族人民的国家认同，瓦解抗日斗志，进而达到分裂中国，各个击破的目的，可谓阴毒至极。

20世纪初期，日本史学界为了配合日本军国主义侵略扩张和殖民目的而形成的赤裸裸的话语表述，虽然已经随着时代变迁、社会进步而寿终正寝，但是其论调的变种仍不绝于世，应该引起学界的重视。

（三）泛突厥主义

19世纪后期，为反抗沙皇俄国的民族压迫并与“泛斯拉夫主义”运动相抗衡，“泛突厥主义”思潮在沙俄境内的突厥语族人群中兴起。克里米亚的鞑靼人伊斯梅尔·迦斯普林斯基（Ismail Gasprinskiy）将近代西方历史比较语言学概念中的“阿尔泰语系突厥语族”等同于“突厥民族”，人为创造出了一个在现实世界中并不存在的民族，并试图将沙俄境内的突厥语族人群联合起来。泛突厥主义思潮兴起后，很快传入面临崩溃边

① 〔日〕白鳥庫吉監修，箭内亙、稲葉岩吉、松井等:《滿州歷史地理》第一卷，第32、189、199、219、220頁。

缘的奥斯曼帝国。被称为“土耳其泛突厥主义之父”的兹亚·乔加勒普（Ziya Gokalp）设想将亚得里亚海至日本海这片广阔地域上的所有突厥语人群统一起来，建立一个“大图兰”国家，这便是所谓的“大图兰主义”。1923 年，兹亚·乔加勒普的《突厥主义原理》问世，提出了“三步走实现突厥民族政治联合”的主张[①]。

泛突厥主义形成后不久，便与泛伊斯兰主义一道通过俄国鞑靼人和奥斯曼土耳其人传入中国新疆地区，催生出了新疆分裂主义。20 世纪三四十年代，混乱的时局和外部势力的推波助澜使得泛突厥主义和分裂主义思想在新疆地区大行其道，不但产生了《东突厥斯坦历史》这种新疆分裂主义的代表作，还先后出现了“东突厥斯坦伊斯兰共和国”“东突厥斯坦共和国”两个分裂政权。虽然最终都归于失败，但是却扩大了新疆分裂主义的影响。中华人民共和国成立后，泛突厥主义和新疆分裂主义一度得到有效遏制，几乎销声匿迹。但是改革开放后，随着对外联系和交往的日益增多，泛突厥主义和新疆分裂主义再度沉渣泛起，而且呈现出一些新的现象[②]。在“理论”层面,《匈奴简史》《维吾尔人》《维吾尔古代文学史》等一系列宣扬“维吾尔斯坦一贯独立论”的著作陆续出版。在实践层面，“东伊运”“世维会”等恐怖组织先后组建，并在新疆等地制造了多起暴力恐怖事件，对中国国家安全和新疆各族人民的生命财产造成了严重危害。

历史上的“突厥”，主要是指 6—8 世纪活跃在中国古代北方地区的青突厥人，曾以蒙古高原为主要地域建立过东突厥汗国。但随着 745 年东突厥后汗国的灭亡，突厥人在之后的漫长岁月中逐渐与其他民族融合，“突厥”已经成为一个历史名词。9 世纪以后，出现于欧洲、阿拉伯文献中的“Turk”（汉译为“突厥”）实际上泛指阿尔泰语系突厥语族游牧人，并无民族学上的确切含义[③]。泛突厥主义既无历史依据，又无现实基础，其人为制造的所谓“突厥民族”与中国古代北方地区的青突厥人没有任

---

① 张玉艳:《泛突厥主义在土耳其的由来与发展》,《国际政治研究》2019 年第 5 期。

② 张玉艳:《新疆分裂主义中的突厥因素研究》，兰州大学博士学位论文，2015 年，第 225、226 页。

③ 亦邻真:《成吉思汗与蒙古民族共同体的形成》,《内蒙古大学学报》1962 年第 1 期。

何民族学上的联系和继承关系，维吾尔族祖先回鹘人与突厥人也没有直接历史源流关系。泛突厥主义完全是19世纪末以来俄罗斯、土耳其等国突厥语族人群中的所谓精英分子，基于唯心史观和历史虚无主义、民族沙文主义的痴心妄想，其“大图兰联邦”的诉求更与现代以主权国家为主体的国际社会格格不入，没有任何实现的可能性。泛突厥主义传入中国后，则演变为分裂主义分子用来谋求新疆独立的工具，并于20世纪90年代后呈现出日益极端化、恐怖主义化的特征。对于泛突厥主义及其各类衍生变种的巨大危害，我们务必要认识明确，高度警惕，并做好与其进行长期不懈斗争的准备。

（四）征服王朝论

1949年，美籍德裔学者魏特夫（Karl August Wittfogel）在与中国学者冯家昇合著的《中国辽代社会史（907—1125）》[History of Chinese Society, Liao（907-1125）] 总述中提出了“征服王朝论”。魏氏将中国历史上的王朝，按照社会文化形态划分为“典型中国朝代”和“征服与渗透王朝”。其中，“典型中国朝代”包括秦、两汉、魏、两晋、南朝、隋、唐、两宋、明。十六国诸政权、北朝、辽、金、元、清则被定性为“征服与渗透王朝”。而“征服与渗透王朝”又可根据其对汉文化的态度归为两类，第一类是以十六国诸王朝、北魏为代表的“渗透王朝”，这类王朝在华北地区通过以半和平的渗透而建立政权①，它们对汉文化的态度倾向于吸收；第二类为辽、金、元、清四个“征服王朝”，这类王朝以征服部分或全部汉族居住地而建立政权，其对汉文化的态度倾向于抵制。在“征服王朝”内部，又因对汉文化抵制程度的强弱再细分为三个类别，其中辽、元为文化抵抗型，金为文化让步型，清则介于二者之间，为文化过渡型②。在论述这些文化关系时，魏氏引入了人类学中的涵化（Acculturation）概念，认为“征服与渗透王朝”与汉地之间

① 郑钦仁、李明仁译著：《征服王朝论文集》（修订版），稻乡出版社，2002年，第1页。

② 〔美〕魏特夫、冯家昇：《中国辽代社会史（907—1125）总述》，苏国良等译，《征服王朝论文集》（修订版），第51页。

的文化接触会在各种不同的情况中发生，且其接触的程度（Degree）和强度（Intensity）不相同，只要社会没有实现完全融合，文化差异就会一直存在[①]。

征服王朝论经由田村实造等人传入日本之后，在日本史学界引起巨大反响，成为日本北亚史学界的主要研究课题。根据研究领域和观点的不同，大致形成了三种不同的概念。第一种以田村实造、护雅夫、吉田顺一等为代表，他们大体上赞同魏氏的理论，认为金、清与辽、元并列，都是征服王朝，但要将征服王朝放在北亚世界历史发展的进程中加以讨论[②]。北亚世界从游牧社会向农牧社会的体制变化，是游牧社会、国家发展为征服王朝的决定性因素。整个北亚游牧民族史以辽为界，可以划分为游牧国家和征服王朝两个时期，征服王朝是游牧社会、国家发展的一个归结[③]。由于征服部族的北亚属性，征服王朝在政治、军事、经济、文化等方面均呈现出“二元制”的特性。第二种以村上正二为代表。他认为“具有强烈的游牧民的自觉意识（self-consciousness），在其意识之下征服、并统治农耕社会的游牧民王朝”[④]，才能称之为“征服王朝”。而北匈奴、柔然等纯粹的游牧国家以及南匈奴、北魏等渗透王朝都不能发展为征服王朝，只有继承了突厥帝国和回鹘帝国基于同一语言文化意识的强烈的民族文化意识和游牧都城文化传统的辽、蒙古帝国、元等才能发展为征服王朝[⑤]，金、清两个王朝则被排除于征服王朝之外。在征服王朝中，辽朝是二元社会，元朝是更多元的复合社会。第三种的代表人物为岛田正郎。岛田对魏特夫的征服王朝论进行了批判，他认为辽朝不建郊

---

① 〔美〕魏特夫、冯家昇：《中国辽代社会史（907—1125）总述》，苏国良等译，《征服王朝论文集》（修订版），第 11 页。

② 〔日〕田村实造：《中国征服王朝——总括》，李明仁译，《征服王朝论文集》（修订版），第 74 页。

③ 〔日〕护雅夫：《内陆亚世界的展开·总说》，郑钦仁译，《征服王朝论文集》（修订版），第 169 页。

④ 〔日〕村上正二：《征服王朝》，郑钦仁译，《征服王朝论文集》（修订版），第 114 页。

⑤ 〔日〕村上正二：《征服王朝》，郑钦仁译，《征服王朝论文集》（修订版），第 120 页。

丘，不行郊祀，转而将“祭山仪”[①]作为国家最重要仪式的做法，是故意对中国王朝政教传统的排斥，故而应当将辽朝置于中国王朝系列之外，视为胡族国家[②]。

魏特夫试图对中国古代史上的王朝类型提出一种“合理”的解释，但其对中国历代王朝的分类明显是基于中原汉族文化立场的，出发点就是狭隘的，有悖于历史和现实的证据事实。在具体划分过程中，片面地夸大了北方民族王朝“渗透”或“征服”的主导性，与其双向涵化的观点自相矛盾[③]。故其结论必然是不科学和不能成立的。在日本，征服王朝论则发展出了新的倾向，日本学者更注重从北亚史的视角观察研究征服王朝，并将征服王朝的出现看作是北亚游牧社会历史发展的必然结果。这实际上人为地割断了历史上北方游牧民族与中原汉族之间的密切互动与联系，夸大了游牧社会和游牧经济在历史变迁中的独立性，是对中国社会多元性和统一多民族国家的国家性质的否定。

（五）蒙古地区一贯独立论

“蒙古地区一贯独立论”是 20 世纪中后期以来在蒙古国兴起的一种有关北方民族的认识和定位的话语体系。该理论认为，蒙古地区从公元前 3 世纪匈奴兴起时开始，直到 21 世纪的今天，一贯是独立于中国之外的[④]。宣扬蒙古地区一贯独立论的主要著作有《关于匈奴的社会制度问题》《匈奴人的经济、社会、文化和族源》等。一些蒙古国学者为了证明“蒙古地区自古以来便是独立的”观点，错误地将匈奴作为蒙古族的族源，认为匈奴、鲜卑、柔然、蒙古等北方民族从种族到经济文化都是一脉相承的，独立地在蒙古高原先后发展起来的。基于此，他们认为，从匈奴单于国、鲜卑部落军事大联盟、柔然汗国到大蒙古国等北方民族政权都

---

① （元）脱脱等：《辽史》卷四十九《礼志一》，中华书局点校本，1974 年，第 834 页。

② 〔日〕岛田正郎：《征服王朝乎？胡族国家乎？》，李明仁译，《征服王朝论文集》（修订版），第 232—234 页。

③ 李志安：《民族融汇与中国历史发展第二条基本线索论纲》，《史学集刊》2019 年第 1 期。

④ 林幹：《中国古代北方民族史新论》，内蒙古人民出版社，2007 年，第 52 页。

是一贯独立的[①]。

众所周知，蒙古地区在历史上一直是中国的一部分，不同历史时期在蒙古高原上活动的匈奴、鲜卑、柔然、突厥、回鹘、蒙古等都属于中国古代北方民族，这是基本的历史事实。1921 年 7 月，外蒙古在苏俄的支持下事实独立；1946 年 1 月，国民政府承认外蒙古独立，蒙古国从法理上获得了独立地位。可见，蒙古的独立是 20 世纪才发生的事情。不能因为现在的蒙古国是一个独立国家，就认为蒙古地区是一贯独立的，数千年来活动于蒙古高原的北方民族所建立的政权也是一贯独立的。我们采用谭其骧先生确定的以 18 世纪 50 年代至 1840 年期间的清朝版图为历史上的中国范围，出现在漠南漠北的蒙古族及历史上的北方各民族，都是中国古代北方民族，不能因为曾在今天蒙古国之内活动就不算历史上中国的民族。但我们也不反对蒙古国在写他的历史时把这些北方民族写成他的先民[②]。

（六）“新清史”与“大元史”

20 世纪 90 年代以来，美国史学界兴起了反对“汉族中心论”、强调清朝统治与历代汉族王朝的区别为特征的“新清史”，其代表人物有路康乐（Edward Rhoads）、欧立德（Mark C. Elliott）、柯娇燕（Pamela K. Crossley）、罗友枝（Evelyn Rawski）等。欧立德曾对“新清史”的学术观点进行过总结，认为“新清史”最关键的学术主张有三条：一是清史研究必须重视清朝的“内亚维度”（Inner Asian Dimension），强调清朝统治的内亚性质[③]；二是清史研究必须利用满文、蒙古文、藏文、维吾尔文等非汉文资料，尤其是满文资料；三是清史研究必须要有全球视角，立足于全球史语境。从学术研究方法上来讲，“新清史”提倡的充分利用非汉文资料和全球视角是有利于清史研究发展的。但“新清史”片面强调清朝与蒙古、西藏、新疆等地区文化联系的重要性，有意或无意地忽视

---

① 林幹：《中国古代北方民族史新论》，第 53 页。

② 谭其骧：《历史上的中国和中国历代疆域》，《中国边疆史地研究》1991 年第 1 期。

③ 沈卫荣：《大元史与新清史——以元代和清代西藏和藏传佛教研究为中心》，上海古籍出版社，2019 年，第 214 页。

掩盖满族文化与汉地文化间的密切程度远超前者的历史事实[①]，从而构建清朝"内亚帝国"性质的做法，体现了西方学术界的意识形态偏见和西方的东方主义学术传统的话语霸权。与此同时，日本出现了力图将蒙古族建立的元朝从"古代中国王朝历史"的叙事框架中分离出来，转而把它置于全球史、欧亚史之中，从而形成一种比肩"新清史"的"大元史"叙事模式。元朝和清朝作为中国历史上的正统王朝，其政权和疆域以及多民族的历史文化是由蒙古族、满族、汉族和其他各族人民共同创造的，其统治中国的合法性也受到了当时和后世中国各族人民的普遍认可。因此，将元朝和清朝视为与中国王朝对立的"内亚帝国"缺乏充分的历史依据和法理依据。

通过梳理大略可知，关于19世纪末叶以来北方民族史领域的各种西方话语体系，要么是基于现代西方资产阶级立场和现代民族国家价值取向的认知偏差，要么是为帝国主义侵略中国或者分裂分子割裂中国提供的理论依据。虽然主观动机不同，但二者都是不符合历史事实的错误认识和观点。这些错误认识和观点，对中华民族多元一体的民族观和统一多民族国家的国家观形成了严峻挑战，对我国的民族团结和国家安全可能会产生负面影响，对部分研究北方民族史的学者的理论思维可能会带来一定偏差，对人民群众、高校学生学习和认识中国历史可能会形成一些误导，其危害性不可失防。因此，加强对中国古代北方民族史的全面系统性研究，构建客观科学的话语体系刻不容缓。

三

《中国古代北方民族史》（十卷本）研究的历史上的中国疆域范围和北方民族，按照1981年5月谭其骧先生在"中国民族关系史研究学术座谈会"上的讲话内容作为基本原则来把握[②]。即以几千年来历史发展所自然形成的中国为历史上的中国，以18世纪50年代至1840年这段时期的

① 李治安：《民族融汇与中国历史发展第二条基本线索论纲》，《史学集刊》2019年第1期。

② 谭其骧：《历史上的中国和中国历代疆域》，《中国边疆史地研究》1991年第1期。

清朝版图作为历史时期的中国范围。在这个范围内活动的匈奴、鲜卑、柔然、突厥、回鹘、契丹等民族，都是中国历史上的北方民族，这些民族建立的政权都是中国历史上的北方民族政权。

这次撰写的十个民族的历史，以中国历史上活动在蒙古高原及其周边地区的匈奴、乌桓、拓跋鲜卑、柔然、突厥、回鹘、黠戛斯、契丹、库莫奚、室韦为研究对象，以族别史体例为整体设计，每个民族自成一卷，史观、体例、内容安排等力求一致。各卷作者按照编写体例和要求，以唯物史观为指导，吸收借鉴前人研究成果，依据文献和考古资料，对诸民族的族名族源、历史变迁、政治制度、生产生活方式、文化习俗、民族关系、最后流向等尽可能作了较为全面的阐述，对一些具体问题作了较为深入的探讨，提出了自己的看法，对北方民族的历史作用、影响和贡献尽量作了客观的评价。各卷或多或少体现出以下特点：①既有相对一致的结构，又根据具体情况谋篇布局，尽可能完整地呈现各自的学术思路与逻辑特点；各族的历史内容既属于全书整体不可或缺的重要部分，又相对独立成书。②尽可能详细占有史料，注意充分辨析史料的史源关系，运用有价值史料进行研究。③各卷根据具体情况，充分结合运用考古资料，以达到用实物资料证史、补史、纠史的作用，突出历史学与考古学的综合研究。④运用古代民族文字史料，如突厥文、回鹘文、契丹文资料等进行研究。⑤利用汉语音韵学、民族史语文学方法进行研究，辨析相关说法。

《中国古代北方民族史》（十卷本）是作为国家社会科学基金重大委托项目“蒙古族源与元朝帝陵综合研究”子课题而开展研究、编写的一套书稿。选取的十个古代北方民族，既有内在的历史联系，又与古代蒙古族存在或近或远、或直接或间接的渊源关系。通过系统论述匈奴等十个北方民族的历史变迁，可以启发与蒙古族族源有关问题的思考，澄清一些错误认识。

长期以来，中外学界针对蒙古族族源开展了广泛研究，形成有匈奴、东胡、鲜卑、敕勒—高车、柔然、突厥、蒙汉同源、吐蕃、室韦、突厥、吐蕃混合、东夷等十余种观点。中国学界主流看法认为，蒙古族祖源东胡，鲜卑—室韦—蒙古有一脉相承的历史渊源。这一学术观点有着更为充分的历史文献学依据和考古学证据。《旧唐书·室韦传》记载有望建河

（即今额尔古纳河及黑龙江）“其河源出突厥东北界俱轮泊，屈曲东流”，“东经蒙兀室韦之北”。《史集》亦载，远古时期蒙古人居住在“额尔古涅·昆”一带。今内蒙古自治区额尔古纳河右岸是蒙古族发祥地。历史文献的相关记载和研究成果显示，室韦和鲜卑译名根据相同，与早期拓跋鲜卑活动地域相同、语言相通、有代表性风俗习惯相近等特征，可证室韦的主要部分应与早期拓跋鲜卑同源。室韦即南北朝时期入据中原的拓跋鲜卑统治者给予鲜卑后裔的新的汉字译写形式。内蒙古自治区呼伦贝尔市陈巴尔虎旗西乌珠尔墓地、海拉尔区谢尔塔拉墓地和陈巴尔虎旗岗嘎墓地，分别代表了7—8世纪、9—10世纪和8—10世纪的室韦遗存[①]。相关考古遗存的发掘和研究，也为蒙古族主体来源于室韦，以及呼伦贝尔是蒙古民族发源地提供了有力佐证。在呼伦贝尔地区系统开展田野考古调查和发掘工作，为蒙古族族源研究提供系列考古实证资料，同时开展历史学、考古学、民族学、人类学、民俗学、语言学等多学科综合研究，推出具有影响力的蒙古族族源研究领域的学术成果，确立内蒙古呼伦贝尔地区作为蒙古族发祥地的重要历史地位，有助于澄清学术界关于蒙古族族源研究的各种说法，推进相关学术研究的进展。

中国古代北方民族的历史绵延数千年，是中国历史的有机组成部分。中国历史不但包括汉族、北方民族建立的内地（中原）王朝史，也包括北方民族建立的政权史。在中国历史的不同时期，生活在不同地区、经济形态有别、风俗习惯有同有异的多民族之间的相互交往、彼此影响、吸收交融从来就没有停止过。北方民族与中原汉族建立起了密切的政治、经济、社会和文化联系，而建立在中原的北族王朝则无不以中原“正统”自居。北方民族史与内地王朝史有机的融合，不断地推动着中国历史的发展进程。中国古代各民族、各地区的历史共同构成了中国历史的有机整体。中华民族的悠久历史和灿烂文化，是包括北方民族在内的中国历史上各个民族交融共进共同创造的。北方民族是中华文明进程的重要参

① 中国社会科学院考古研究所、内蒙古自治区文物考古研究所、北京大学考古文博学院、呼伦贝尔民族博物院呼伦贝尔联合考古队：《内蒙古陈巴尔虎旗岗嘎墓地》,《考古》2015年第7期。

与者和推动者，对中国古代疆域、中西文化交流、中华民族多元一体格局的形成、中国历史文化的发展和进步做出了不可磨灭的贡献。近代以来，汉族和各少数民族的命运共同体更为牢固，共同建立了统一的多民族国家。研究中国古代北方民族史是北方民族历史与考古工作者义不容辞的责任。系统全面研究中国古代北方民族史，清晰梳理其来自哪里去向何方的历史变迁过程，深入探究其政治、经济、社会、文化的内涵及其发展规律，深刻阐释其与中国历史上汉族及其他民族建立的内地王朝政权的关系，充分认识其历史地位、作用与贡献，对深入学习和认识中国史，树立正确的历史观、民族观、国家观，维护民族团结、国家统一局面，铸牢中华民族共同体意识均具有重大的理论和现实意义。

前　言

黠戛斯是唐代活跃于剑河（今俄罗斯叶尼塞河上游）的北方民族之一，其远祖可上溯至汉代的坚昆，至唐代相继与匈奴、丁零、鲜卑、柔然、突厥、回鹘、契丹、室韦、蒙古等北方民族发生过或密或疏的接触。其后裔为生活在我国境内的柯尔克孜族与吉尔吉斯共和国境内的吉尔吉斯族。

唐太宗贞观年间，黠戛斯以坚昆都督府隶属于唐。8 世纪初，黠戛斯形成汗国。9 世纪中期，黠戛斯击溃了漠北回鹘可汗的牙帐，终结了突厥语族在漠北的统治。进而迫使回鹘余众南下、西迁，蒙古高原及中亚的政治格局得以重建，间接地为蒙古民族共同体的形成创造了条件。其后，渐呈弱势的黠戛斯成为辽王朝的“辖戛斯国王府”。13 世纪，成吉思汗的大蒙古国终结了其后裔乞儿吉思的历史。

匈奴冒顿单于北服坚昆，其历史始现于汉籍史册。至唐代方与中原王朝建立直接联系，因此，黠戛斯史事多见载于唐代史料，故《中国古代北方民族史·黠戛斯卷》以唐代黠戛斯历史为主线，前溯于西汉，后终于成吉思汗大蒙古国时期。在总结借鉴前人研究成果的基础上，竭力利用文献史籍并结合考古资料，对黠戛斯的族名与来源、西汉至唐代以及大蒙古国时期的历史变迁、地理分布、社会与生业、文化习俗等方面的内容，加以较为全面系统的阐述。

本书第一章主要梳理史料与归纳相关研究成果。涉及黠戛斯的史料，以时间跨度大、记载较为零散、记录史料语种多等为特色。学界对黠戛斯的研究，发端于西方与俄罗斯等研究者对古突厥文碑铭的解读与研究，其中仅俄罗斯学者的研究涉及黠戛斯历史。第二章考证了黠戛斯的族名与族源的问题。虽然黠戛斯历史悠久，但唐以前的史册，并不见载其具体史事，至多偶见其族名，且汉字译写不一。因此，该章开篇首先探究了其族名的由来与演变，通过构拟比对可知，其族名称谓多变的原因有二：首先是古代汉语的语音演变及历代史官的方言，导致其族名出现了不同的汉字译写形式；其次见于不同时期史籍所载的黠戛斯族名，系分别译自不同语族（阿尔泰语系的古蒙古语与古突厥语）的语言所致。文献关于黠戛斯族源的记载，始于唐代官修的《周书》,《周书·突厥传》载其与丁零、突厥同源，但经过辨本溯源，初步推定其与丁零、突厥等族仅为地域相邻而非同源。此外，唐后期又出现了黠戛斯与李唐同宗的说法，但实则是双方出于政治利益的附会，并未见确凿的史实依据。第三章主要探究了黠戛斯的历史兴衰，前溯了其早期历史，侧重于黠戛斯汗国形成以及全盛时期的历史，最后梳理了汗国衰亡的历史脉络。第四章考证了黠戛斯的政治军事问题。首先通过对其社会结构、官制、法律特点等内容的探讨，揭示了黠戛斯的社会政治特色。其次从其军队的数量与构成、军备、官职等方面，探讨了其相关军事问题。第五章主要利用考古资料，对黠戛斯人的畜牧业、狩猎业、农业、手工业与商业贸易等方面加以探究。第六章逐一辨析了黠戛斯与唐朝及其他北方诸族的关系。第七章阐述了黠戛斯的文化习俗，涉及语言文字、衣食住行、婚嫁与丧葬习俗、宗教信仰与历法等内容。

综上，通过对黠戛斯历史的初步研究，试图较为全面地反映出黠戛斯历史文化的全貌。

限于研究能力和学术水平，文中不足之处在所难免，请相关专家学者不吝指正。

目　　录

第一章　黠戛斯资料与研究概况

黠戛斯历史资料以汉文传世文献史料与考古发现为主，另有零散的域外文献史料。目前，黠戛斯历史的研究，在古代北方民族历史研究领域尚处于薄弱环节。即便如此，仍不乏相关的研究成果。

第一节　文献史料和考古资料

唐代黠戛斯的基本史料，包括汉文古籍和考古发现的实物史料。记录黠戛斯历史的文字史料，以相对匮乏且零散的汉文文献为主；苏联考古学家吉谢列夫所著的《南西伯利亚古代史》[①]，以及鄂尔浑—叶尼塞古突厥文碑铭，是研究黠戛斯的重要考古学参考资料。

黠戛斯的历史资料，零散且涉及多种语言文字。除了汉文、突厥文的记载，波斯文、阿拉伯文的历史地理文献也有黠戛斯的相关记载。然而这类记载又多语焉不详，参考时需加强辨析。

一、汉文传世史料

“鬲昆”作为唐代黠戛斯最古老的族名，初见于汉代史册。司马迁撰《史记·匈奴列传》，记载了匈奴冒顿单于北服“鬲昆”[②]。东汉班固所撰《汉书·匈奴传》中，族名始译作“隔昆”“坚昆”，并载匈奴郅支单于曾以“坚昆”为都[③]。陈寿撰写《三国志·魏书·乌丸鲜卑东夷传》时，引

---

① 〔苏联〕C. B. 吉谢列夫：《南西伯利亚古代史》（下册），新疆社会科学院民族研究所，1985 年。

② （西汉）司马迁：《史记》卷 110《匈奴列传》，中华书局，1982 年，第 2893 页。

③ （东汉）班固：《汉书》卷 94 下《匈奴传》，中华书局，1988 年，第 3800 页。

用了鱼豢的《魏略·西戎传》，其中提到了坚昆的方位[①]。

早期汉文文献的记载，仅见族名、方位等信息。唐以前的汉文文献传世史料，对黠戛斯的历史及演变均鲜有记载。《隋书》《北史》的《铁勒传》，《周书》《北史》的《突厥传》等专传，提及了黠戛斯的分布、族源及多种族名称谓，但鲜有史实记载。由于唐以前汉文史籍的记载内容都较为匮乏，且族名译写不一，以致唐代杜佑编撰《通典》时，竟将黠戛斯的内容分别列为《坚昆》与《结骨》两目[②]。虽然《通典》对黠戛斯历史的记载较为简略，但仍堪称最早的黠戛斯专门史。

唐武宗会昌年间，黠戛斯击溃漠北回鹘。此间，唐武宗朝与回鹘、黠戛斯来往的诏、敕等官方文书，均由时任宰相李德裕书写，后收入李德裕的《会昌一品集》[③]。该文集为研究黠戛斯汗国与唐朝的关系提供了珍贵的史料，主要涉及唐朝对黠戛斯击溃漠北回鹘汗国的态度、黠戛斯如何得到唐朝册封等问题。因此，唐朝官员文人的文集，也是研究黠戛斯历史的重要参考依据。

随着黠戛斯与唐建立联系，史官考其为汉代"坚昆"之后，复以"坚昆"相称。自此，史官对黠戛斯的记载逐渐由略到详。后晋刘昫等撰写的《旧唐书》，将与黠戛斯相关的内容夹杂在回鹘历史中一并叙述，虽内容不多，但史料较为翔实[④]。宋代欧阳修、宋祁等编写的《新唐书》卷217上为《回鹘传》，卷217下为回鹘相邻各部的传记，其中就有《黠戛斯传》[⑤]。该传是唐代黠戛斯的基本史料，但《新唐书·黠戛斯传》的前半部，杂合此前的黠戛斯史料，因而多有拼凑、讹误，所以，利用时需仔细辨别。《新唐书·黠戛斯传》后半部分，对唐代黠戛斯历史的记载则比较翔实，涵盖了黠戛斯政治、军事及经济方面的重要信息，是黠戛斯历史研究的主要依据。

---

① （晋）陈寿撰，（南朝宋）裴松之注：《三国志》卷30《魏书·乌丸鲜卑东夷传》附鱼豢撰《魏略·西戎传》，中华书局，1952年，第863页。

② （唐）杜佑撰，王文锦、王永兴、刘俊文等点校：《通典》卷193《边防·坚昆》，中华书局，1988年，第5268页；《通典》卷200《边防·结骨》，第5492页。

③ （唐）李德裕：《会昌一品集》，上海古籍出版社，1994年。

④ （后晋）刘昫等：《旧唐书》，中华书局，1975年。

⑤ （宋）欧阳修、宋祁：《新唐书》卷217下《黠戛斯传》，中华书局，1975年。

与《新唐书·黠戛斯传》相佐的同类史料，见于宋人撰写的《资治通鉴》《太平寰宇记》《唐会要》《册府元龟》《唐大诏令集》等文献。司马光《资治通鉴·唐纪》所载的唐代史料，尤其是武宗朝时的史料补充了《新唐书·黠戛斯传》的记载，可佐《新唐书》[①]。宋人乐史所撰的《太平寰宇记》也辟有《黠戛斯》，较之《新唐书·黠戛斯传》也补充了新的史料[②]。王钦若等编纂的史学类书《册府元龟》，亦汇集了黠戛斯与唐往来的史料，可补《新唐书·黠戛斯传》。宋人王溥等编纂的《唐会要》、宋敏求等编纂的《唐大诏令集》等文献，可谓是上述所列史籍、唐代诏令等文献的汇编，所以，佐证的作用不容忽视[③]。

辽、金、元时期的黠戛斯史料中，《辽史》涉及的内容相对较多，其中将黠戛斯族名译写作"辖戛斯"[④]。作为辽的属国，辖戛斯与辽朝还有使者往来。辽亡时，耶律大石西迁途中还遭遇辖戛斯。因此，《辽史》是了解唐宋以后黠戛斯历史流向的基本史料。此外，《元史》也有提及黠戛斯后裔的信息[⑤]。明代四夷馆用汉文译写的《蒙古秘史》，称黠戛斯为乞尔吉思，后被成吉思汗的大蒙古国所征服[⑥]。所以，《蒙古秘史》也是研究黠戛斯后续历史的重要史料。清代董诰辑录整理的《全唐文》可与宋代宋敏求整理的《唐大诏令集》相佐，是诏令史料的重要参考资料[⑦]。

现代学者将匈奴、突厥与回鹘史料，做了系统的疏证并汇编成册。如林幹的《匈奴史料汇编》[⑧]、岑仲勉的《突厥集史》[⑨]、刘美崧的《两唐书

---

① 《资治通鉴》，中华书局，1956年。

② 《太平寰宇记》卷199《四夷·北狄·黠戛斯》，中华书局，2007年。

③ （宋）王溥：《唐会要》卷100《结骨国》，中华书局，1955年；（宋）王钦若等编修：《册府元龟》，中华书局，1960年；（宋）宋敏求：《唐大诏令集》，商务印书馆，1959年。

④ （元）脱脱等：《辽史》卷3《太宗本纪》，中华书局，1974年，第32页。

⑤ （明）宋濂等：《元史》卷12《世祖本纪》，至元二十年（1283），中华书局，1976年，第251页。

⑥ 余大钧译注：《蒙古秘史》，239节，河北人民出版社，2001年；《元史》中，乞尔吉思还有多种译法，如乞里古思、乞里吉思、吉利吉思、乞力吉思、乞儿吉思、乞里吉思等译写。

⑦ （清）董诰等：《全唐文》，中华书局，1983年。

⑧ 林幹：《匈奴史料汇编》，中华书局，1988年。

⑨ 岑仲勉：《突厥集史》，中华书局，1958年。

回纥传·回鹘传疏证》[1]，以及薛宗正编写的《突厥稀见史料辑成——正史外突厥文献集萃》等[2]。唐代黠戛斯与突厥、回鹘接触较多，因此，这些史料汇编也为黠戛斯研究提供了便利。

二、古突厥鲁尼文碑铭材料

汉文传世史料记载，黠戛斯人与突厥人一样，都使用古突厥文字。因此，使用古突厥鲁尼文刻写的碑铭，也是了解黠戛斯历史的第一手资料。

18世纪上半期，叶尼塞河流域发现了古突厥文（又称卢尼文、鲁尼文）碑铭，研究者曾先后整理出版了叶尼塞碑铭文集。如俄罗斯学者马洛夫（S. E. Malov）的《突厥叶尼塞文献》（*Yeniseyskaya Pis' mennost'*, 1952）及瓦西里耶夫（D. D. Vasil' ev）整理的《叶尼塞河流域突厥如尼文文献汇编》（*Korpus tyurkskikh runicheskikh pamyat-nikov basseyna Eniseya*, 1983）等[3]。属于黠戛斯的碑铭遗存，主要有《乌尤克·塔尔拉克碑》《乌尤克·阿尔汗碑》《乌尤克·土兰碑》《苏吉碑》（又名《黠戛斯之子碑》）等。黠戛斯碑文内容多涉及逝者前世的财产，虽鲜有完整史实，但仍是研究其经济及宗教等问题的重要依据。

1889年，俄国考古学会东西伯利亚分会以亚德林采夫（N. M. Yadrintsev）为首组成蒙古考古队，在鄂尔浑河流域的和硕柴达木（Koshotsaidam）湖畔，发现了8世纪初的《阙特勤碑》《毗伽可汗碑》，加上《暾欲谷碑》，为后突厥汗国的“三大碑”[4]。此后，还陆续发现了漠北回鹘汗国的《磨延啜碑》《九姓回鹘可汗碑》等碑铭[5]。由于都是使用古突厥文刻写的碑铭，故与叶尼塞碑铭连称为鄂尔浑—叶尼塞碑铭[6]。这些碑文记载的内容，都是与黠戛斯有直接接触的后突厥汗国、回鹘汗

---

① 刘美崧：《两唐书回纥传·回鹘传疏证》，中央民族学院出版社，1988年。

② 薛宗正辑注：《突厥稀见史料辑成——正史外突厥文献集萃》，新疆人民出版社，2005年。

③ 转引自耿世民：《古代突厥文碑铭研究》，中央民族大学出版社，2005年，第32、36页。

④ 耿世民：《古代突厥文碑铭研究》，第25页。

⑤ 耿世民：《古代突厥文碑铭研究》，第31页。

⑥ 耿世民：《古代突厥文碑铭研究》，第23页。

国的历史，因此，补充了汉文史料的不足，对研究黠戛斯历史也具有重要价值。对古突厥文碑铭的整理、研究，国外可见苏联学者克利亚什托尔内的成果，作者利用大量古突厥文碑铭汇编成《〈古代突厥鲁尼文碑铭〉——中亚细亚史原始文献》一书，为碑铭的检索提供了便利[①]。

国内学者胡振华编写的《柯尔克孜语言文化研究》一书，依据瓦西里耶夫《叶尼塞河流域突厥鲁尼文献全集》、马洛夫《突厥叶尼塞文献》、鄂尔昆《古突厥文》等研究成果，翻译了上述几通黠戛斯的主要碑铭。这些碑铭涉及黠戛斯的政治、经济、宗教等方面的内容，极具学术研究价值[②]。耿世民编著了《古代突厥文碑铭研究》一书，汉译了上述后突厥汗国、回鹘汗国的碑文。由于涉及与黠戛斯的关系，因此，也是唐代黠戛斯研究的重要参考资料[③]。

三、其他语种的汉译外文文献

见于其他语种的有关黠戛斯的文献资料，对黠戛斯研究也具有一定的参考价值。黠戛斯作为北方民族之一，还记载于敦煌藏经洞发现的藏语文献中。日本学者森安孝夫整理的《敦煌藏语史料中出现的北方民族——DRU-GU与HOR》一文，就有关于黠戛斯地理分布的史料[④]。苏联瓦·弗·巴托尔德整理的《加尔迪齐著〈记述的装饰〉摘要》，依据中亚旅行家的描述，略知通往黠戛斯的道路[⑤]。伊朗学者志费尼的《世界征服者史》、波斯人拉施特主编的《史集》等波斯文专著，反映了黠戛斯后裔乞儿

---

① 〔苏联〕C.Г.克利亚什托尔内著，李佩娟译：《〈古代突厥鲁尼文碑铭〉——中亚细亚史原始文献》，黑龙江教育出版社，1991年。此外，克利亚什托尔内还发表过《铁尔痕碑》等文，也可作参照。

② 胡振华：《柯尔克孜语言文化研究》，中央民族大学出版社，2006年。

③ 耿世民：《古代突厥文碑铭研究》。

④ 〔日〕森安孝夫：《チベット語史料中に現れる北方民族—DRU-GUとHOR—》，《アジア·アフリカ言语文化研究》1977年第14期；〔日〕森安孝夫：《敦煌藏语史料中出现的北方民族——DRU-GU与HOR》，陈俊谋译，《西北史地》1983年第2期。

⑤ 〔苏联〕巴托尔德著：《加尔迪齐著〈记述的装饰〉摘要》，王小甫译，陈继周校，《西北史地》1983年第4期，第110页。

吉思人的相关历史[1]。阿拉伯文献也详略不同地提到了黠戛斯，如阿拉伯人撰写的《马卫集论突厥》，记载了10世纪末至11世纪初突厥诸部落向西迁徙的史实，反映了古代中国与中亚诸民族的关系，为研究中古突厥历史，尤其是黠戛斯历史，提供了重要参考[2]。此外，伊本·胡尔达兹比赫的《道里邦国志》[3]、麻赫默德·喀什噶里的《突厥语大词典》，以及波斯人胡杜德·阿勒·阿拉姆编纂的《世界境域志》等域外文献，作为当事人的听闻或后世人的整理，提供了一些黠戛斯地理分布的信息，可与汉文史料互证。

四、考古资料

苏联、俄罗斯考古工作者在发现、识别和研究黠戛斯考古学文化方面，取得了较多成果。公开的黠戛斯考古资料对研究其社会生活、文化习俗等问题，具有重要的参考价值。苏联考古学成果当首推蒙盖特撰写的《苏联考古学》，其中涉及黠戛斯的考古资料[4]。考古学家吉谢列夫的专著《南西伯利亚古代史》，收录了丰富的黠戛斯考古资料，对研究黠戛斯的经济和文化具有非常重要的参考价值。中蒙考古工作者曾联合考察了蒙古国境内的突厥、回鹘遗址，成果见于《蒙古国浩腾特苏木乌布尔哈布其勒三号四方形遗址发掘报告（2006年）》[5]。这一调查成果，对我们全面了解回鹘及黠戛斯的历史，同样具有参考意义。

第二节　研究现状

目前，黠戛斯历史研究较为薄弱，仅有几篇专题研究，尚未发表较

---

① 〔波斯〕拉施特著，余大钧、周建奇译：《史集》，商务印书馆，1983年；〔伊朗〕志费尼著，何高济译，翁独健校订：《世界征服者史》，内蒙古人民出版社，1980年。

② 马卫集著：《马卫集论突厥》，胡锦州、田卫疆摘译，《中亚研究资料》1984年第3期。

③ 〔阿拉伯〕伊本·胡尔达兹比赫著，宋岘译，郅溥浩校订：《道里邦国志》，中华书局，1991年。

④ 〔苏联〕A.Л.蒙盖特著，中国科学院考古研究所资料室译：《苏联考古学》，中国科学院考古研究所资料室出版，1963年。

⑤ 中国内蒙古自治区文物考古研究所、蒙古国游牧文化研究国际学院、蒙古国国家博物馆：《蒙古国浩腾特苏木乌布尔哈布其勒三号四方形遗址发掘报告（2006年）》，文物出版社，2008年。

为全面系统探讨黠戛斯诸问题的相关成果；学界对突厥、回鹘历史进行研究时，间或会涉及黠戛斯问题。因此，相比之下间接的研究成果较为丰富。纵览已经发表的黠戛斯相关研究论著，大致集中在以下几个方面。

一、基于古突厥鲁尼文碑铭的相关研究

鄂尔浑流域发现的古突厥文碑铭中，出现了 Qïrqïz 一名，由此引发了域外学者对其族名来源及其语法意义的解读[①]。法国伯希和、苏联巴托尔德等学者认为 Qïrqïz 就是唐代汉文文献中的黠戛斯，并相继提出了"坚昆"一名是其蒙古语的写法、黠戛斯是汉代坚昆的复数写法等观点，进而引起国内外学者对黠戛斯历史的关注与研究[②]。法国学者路易·巴赞（L. Bazin）《突厥历法研究》（*Ies Systèmes Chronologiques Dans Iemonde Turc Ancien*，1991）一书，利用叶尼塞黠戛斯的碑铭，进行与突厥历法相关的分类研究[③]。苏联学者 A. 伯恩什达姆（Александр Натанович Бернштам）利用碑铭史料研究了黠戛斯的社会经济制度，撰写了《6 至 8 世纪鄂尔浑叶尼塞突厥社会经济制度（东突厥汗国和黠戛斯）》[*The Orhon-Yenisei Turkic Social Economic System from 6th to 8th Century (Eastern Turkic Khanate and Kyrgyz)*，1997]，是利用叶尼塞碑铭研究黠戛斯经济问题的主要论著[④]。

鄂尔浑的古突厥文碑铭显示，Qïrqïz 与后突厥汗国、漠北回鹘汗国的历史密切相关。因此，研究后突厥汗国、漠北回鹘汗国的对外关系问题，就不可避免地涉及与黠戛斯的关系。日本学者岩佐精一郎通过对后突厥碑铭的相关研究，撰写了《突厥毗伽可汗碑文の紀年》一文，其中

① 耿世民：《古代突厥文碑铭研究》，《暾欲谷碑》东 20 行，第 99 页。

② 〔苏联〕威廉·巴托尔德著，罗志平译：《中亚突厥史十二讲》，中国社会科学出版社，1984 年，第 31 页。

③ 〔法〕路易·巴赞著，耿昇译：《突厥历法研究》，中华书局，1998 年。

④ 〔苏联〕A. 伯恩什达姆著，杨讷译，郝镇华校：《6 至 8 世纪鄂尔浑叶尼塞突厥社会经济制度（东突厥汗国和黠戛斯）》，新疆人民出版社，1997 年。注：此处的东突厥汗国并不是早期分裂为东、西的东突厥汗国，而是东突厥汗国后裔骨咄禄复兴的后突厥汗国，本书以后突厥汗国相称。

就谈及后突厥汗国袭击黠戛斯的问题[①]。法国学者勒内·吉罗（R. Giraud）的《东突厥汗国碑铭考释——骨咄禄、默啜和毗伽可汗执政年间（680—734）》（*L'Empire Des Turcs Celestes Les Regnes D'Eiterich' Qapghan et Bilgä (680—734)*, 1984）利用后突厥汗国的碑铭，研究了骨咄禄、默啜和毗伽可汗执政年间（680—734）的后突厥汗国的历史，并分析了黠戛斯被后突厥汗国袭击的相关问题[②]。日本学者大泽孝撰写的《イェニセイ河流域の突厥文字銘文石人について－その作成年代を中心に－》《8世紀初頭のイェニセイ・キルギズ情勢－バルス・ベグの出自と対東突厥征伐計画をめぐって－》两篇论文，也围绕碑铭的记载探讨了后突厥汗国对黠戛斯袭击的问题[③]。

美国学者M.R.Drompp（张国平），可谓国外研究黠戛斯历史的专家，曾先后发表了两篇关于黠戛斯历史研究的论文。其一题为*Breaking the Orkhon Tradition: Kirghiz Adherence to the Yenisei Region after A. D. 840*[④]，利用古突厥文碑铭与汉文史料，研究了840年以后黠戛斯在叶尼塞河区域的活动。另一篇题为*The Yenisei Kyrgyz from Early Times to the Mongol Conquest*，也主要利用汉文史料辅以古突厥文碑铭记载，对黠戛斯早期历史做了全面的研究[⑤]。

国内学者对鄂尔浑—叶尼塞碑铭的研究，主要是对铭文原文的翻译与考证。王静如发表了《突厥文回纥英武威远毗伽可汗碑译释》一文，

---

① 〔日〕岩佐精一郎：《突厥毘伽可汗碑文の紀年》，《東洋學報》1936年第23卷第4号。

② 〔法〕勒内·吉罗著，耿昇译：《东突厥汗国碑铭考释——骨咄禄、默啜和毗伽可汗执政年间（680—734）》，新疆社会科学院历史研究所，1984年。

③ 〔日〕大泽孝：《イェニセイ河流域の突厥文字铭文石人について－その作成年代を中心に－》，《古代文化》，古代学协会，1992年；〔日〕大泽孝：《8世纪初頭のイェニセイ・キルギズ情勢－バルス・ベグの出自と対東突厥征伐計画をめぐって－》，《史朋》1996年28号。

④ Drompp, M. R. Breaking the Orkhon Tradition: Kirghiz Adherence to the Yenisei Region after A. D. 840. Journal of the American Oriental Society, 1999, 119(3).

⑤ Drompp, M. R. The Yenisei Kyrgyz from Early Times to the Mongol Conquest//The Turks: Early Ages, Yeni Turkiye, 2.

是研究古突厥碑文的早期成果，极具参考价值①。芮传明的《古突厥碑铭研究》和耿世民的《古代突厥文碑铭研究》两部古突厥文研究专著，都将碑铭翻译成汉文。芮传明还利用碑铭记载，考证了黠戛斯与后突厥汗国的关系②。此外，还有数篇研究古突厥文碑铭的论文，其中包含李经纬《突厥如尼文〈苏吉碑〉译释》一文,《苏吉碑》是黠戛斯唯一具有历史信息的碑铭，对黠戛斯历史研究具有重要意义③。林梅村等人的《九姓回鹘可汗碑研究》，涉及漠北回鹘汗国与黠戛斯的关系④。与古突厥文碑铭相关的语言学研究，有胡振华的《柯尔克孜语言文化研究》，该书对黠戛斯叶尼塞文献使用的字母、黠戛斯文献语言的特点等做了研究⑤，书中收录了4通叶尼塞黠戛斯的碑铭，是相关历史研究的重要参考资料。

二、黠戛斯族名、族源及其地理分布的专题研究

早期国内外学者对黠戛斯历史的研究，主要集中于对其族名、族源及地理分布的探讨。苏联学者巴托尔德的《中亚突厥史十二讲》，叙述了中亚突厥及突厥语族各部的历史源流，探讨了黠戛斯的族名与族源问题。在该书注释中，作者还列举了几位苏联学者关于黠戛斯族名问题的研究论文，如祖也夫《坚昆的名称》、彼得罗夫《关于〈吉尔吉斯〉一名的词源学》、巴斯可夫《关于〈吉尔吉斯〉族名的来源》等未见汉文译文的论文⑥。此外，巴托尔德的《突厥蒙古诸民族史》也简略述及黠戛斯的族名问题⑦。加拿大学者蒲立本（E. G. Pulleyblank）发表的《柯尔克孜族称

---

① 王静如：《突厥文回纥英武威远毗伽可汗碑译释》,《突厥与回纥历史论文选集（1919—1981）》，中华书局，1987年，第669页。

② 芮传明：《古突厥碑铭研究》，上海古籍出版社，1998年。

③ 李经纬：《突厥如尼文〈苏吉碑〉译释》,《新疆大学学报》（哲学社会科学版）1982年第2期。

④ 林梅村、陈凌、王海城：《九姓回鹘可汗碑研究》,《欧亚学刊》（第1辑），中华书局，1999年。

⑤ 胡振华：《柯尔克孜语言文化研究》。

⑥〔苏联〕威廉·巴托尔德著，罗志平译：《中亚突厥史十二讲》，第31页。

⑦〔俄〕瓦·符·巴托尔德：《突厥蒙古诸民族史》,《北方民族史与蒙古史译文集》，云南人民出版社，2003年，第273页。

考》（*The Name of the Kirghiz*，1990）通过比照古突厥文族名 Qïrqïz，对古代黠戛斯各个历史时期的汉译族称、柯尔克孜族名复原等问题进行了考证[①]，为黠戛斯族名考证的重要成果。

国内涉及黠戛斯族名、族源、地理位置等问题的论著，主要有马长寿的《突厥人和突厥汗国》，述及了突厥与黠戛斯的关系[②]。岑仲勉编纂的《突厥集史》，对黠戛斯相关史料做了校注与考证[③]。周连宽的《丁零的人种和语言及其与漠北诸族的关系》，涉及了丁零与黠戛斯的族源及地理位置[④]。

以黠戛斯的族名、族源、地理位置为主题的研究论文，见于台湾学者陈庆隆博士的研究，题为《坚昆、黠戛斯与布鲁特考》[⑤]。该文利用语文学知识论证了黠戛斯在不同时期的三个族名的寓意、语源，分别是汉代"坚昆"、唐代"黠戛斯"、清代移居天山的柯尔克孜部落（译写为"布鲁特"）。另外，该文还研究了黠戛斯地理位置的变迁问题。崔明德的《李陵·拓跋氏·黠戛斯——兼论汉唐时期北方少数民族的寻根现象和认同心态》一文，通过考察李陵及其后代的迁徙，揭示了李陵、拓跋氏和黠戛斯三者的关系，并针对"黠戛斯是李陵后裔"问题，探讨了北方民族的寻根现象和认同心态[⑥]。薛宗正的《黠戛斯的崛兴》一文，是专门研究黠戛斯早期历史的论文。探讨了黠戛斯的种族组成问题，认为坚昆是"由黄、白两系人种合建之国"，认可坚昆是"李陵苗裔"的说法[⑦]。但较之族源问题，该文更关注黠戛斯崛起的历史背景、黠戛斯汗国由盛转衰的原因等问题。840年，黠戛斯击溃漠北回鹘汗国，并南下西征，远至中亚。

---

① 〔加〕蒲立本（E. G. Pulleyblack）著：《柯尔克孜族称考》，黄建华、曜堂译，原刊于《中亚杂志》1990年第1、2期；汉译文见李祥瑞、牛汝极：《阿尔泰学论丛》，新疆大学出版社，1994年，第124—134页。

② 马长寿：《突厥人和突厥汗国》，上海人民出版社，1957年。

③ 岑仲勉：《突厥集史》。

④ 周连宽：《丁零的人种和语言及其与漠北诸族的关系》，《突厥与回纥历史论文选集（1919—1981）》（上册），第55页。

⑤ 陈庆隆：《坚昆、黠戛斯与布鲁特考》，《大陆杂志》1975年第51卷第5期。

⑥ 崔明德：《李陵·拓跋氏·黠戛斯——兼论汉唐时期北方少数民族的寻根现象和认同心态》，《烟台大学学报》（哲学社会科学版）1995年第1期。

⑦ 薛宗正：《黠戛斯的崛兴》，《民族研究》1996年第1期。

故此，波斯人的史料记载也多少涉及黠戛斯分布的问题。国内有关研究，如周锡娟的《从〈世界境域志〉看唐末五代时西域突厥诸部的分布》一文，就利用了波斯文《世界境域志》的记载，考证了西域突厥诸部的分布[①]。蒋其祥、周锡娟的《九至十三世纪初突厥各部的分布与变迁》，利用《世界境域志》《突厥语大词典》《世界征服者史》和《史集》四部外文史籍，探讨了9—13世纪突厥各部的分布与变迁，其中涉及黠戛斯的分布问题[②]。法国学者韩百诗的《谦河考》，考证了中世纪的剑河与元代谦河的位置与黠戛斯地域相关[③]。

苏联学者胡德雅科夫（U. S. Khud' akov）《连接古丝绸之路和南西伯利亚的商道》（*The Commercial Routes Binding "The Great Silk Road" with Southern Siberia*，1996）一文，利用多语种文献史料，论证了与丝绸之路有关的南西伯利亚商业通道，对研究黠戛斯与丝绸之路的关系具有参考价值[④]。

三、黠戛斯汗国历史的相关研究

截至目前，学界关于黠戛斯历史的研究成果，主要集中在黠戛斯汗国时期。研究者关注的多是这个历史阶段的某些具体问题，仍缺乏较全面系统的研究。如郭平梁的《从坚昆都督府到黠戛斯汗国》，虽然基本涵盖了黠戛斯历史的大部内容，但只是简要地叙述了6—9世纪黠戛斯的历史[⑤]。巴哈提·依加汉的《9世纪中叶以后黠戛斯的南下活动》，利用中外文献研究了黠戛斯汗国击溃回鹘后的军事动向[⑥]。贾丛江的《黠戛斯南下

① 周锡娟：《从〈世界境域志〉看唐末五代时西域突厥诸部的分布》，《中亚研究资料》1983年第3期。

② 蒋其祥、周锡娟：《九至十三世纪初突厥各部的分布与变迁》，《新疆社会科学》1983年第4期。

③ 〔法〕韩百诗著：《谦河考》，耿昇译，《蒙古学信息》1999年第1期。

④ 〔苏联〕胡德雅科夫：《连接古丝绸之路和南西伯利亚的商道》，《十世纪前的丝绸之路和东西文化交流》，新世界出版社，1996年。

⑤ 郭平梁：《从坚昆都督府到黠戛斯汗国》，《西域史论丛》（第2辑），新疆人民出版社，1985年。

⑥ 巴哈提·依加汉：《9世纪中叶以后黠戛斯的南下活动》，《西域研究》1991年第3期。

和北归考辨》，论证了840年以后，黠戛斯依照先西部后东部的战略部署，分阶段经略东部天山地区和漠北高原，以期成为游牧各民族新的宗主的历程；认为9世纪60年代初兴的仆固系北庭回鹘（高昌回鹘汗国的前身），将黠戛斯分别从东部天山地区和漠北草原逐回叶尼塞河上游故土[①]。华涛的论著《西域历史研究（八至十世纪）》，也间接涉及了黠戛斯汗国在天山东部的统治问题[②]。

黠戛斯几经曲折，终于称雄于蒙古草原，同时，也与中原王朝发生了密切的联系。郑元珑撰写的《隋唐时代黠戛斯部与中原王朝关系初探》一文，对此做了相关研究[③]。唐武宗朝时，黠戛斯使者曾几度入唐，宰相李德裕撰写了给黠戛斯可汗的国书。国内学者齐会君利用唐回复黠戛斯的几份国书，用日文发表了《唐のキルギス宛国書の発給順と撰文過程——ウイグル交替期を中心に》一文[④]。文中围绕国书撰写的先后顺序与过程，做了偏于唐代国书撰写问题的相关探讨。

白玉冬的专著《九姓达靼游牧王国史研究（8—11世纪）》，通过对黠戛斯碑铭的解读，探讨了10世纪的九姓达靼与黠戛斯汗国的互动关系[⑤]。

四、关于元代乞儿吉思的相关研究

元代史料将黠戛斯译写为吉利吉思，学界也有相关成果问世。韩儒林的《唐努都波》《唐代都波新探》两篇研究论文，探讨了唐代黠戛斯的邻部都波相关历史，于黠戛斯民族关系研究有一定参考价值[⑥]。韩先生的

---

① 贾丛江：《黠戛斯南下和北归考辨》，《西域研究》2000年第4期。

② 华涛：《西域历史研究（八至十世纪）》，上海古籍出版社，2000年。

③ 郑元珑：《隋唐时代黠戛斯部与中原王朝关系初探》，《福建师范大学学报》（哲学社会科学版）2004年第4期。

④ 齐会君：《唐のキルギス宛國書の発給順と撰文過程——ウイグル交替期を中心に》，《東洋學報》2018年第100卷。

⑤ 白玉冬：《九姓达靼游牧王国史研究（8—11世纪）》，中国社会科学出版社，2017年。

⑥ 韩儒林：《唐努都波》，《中国边疆》1943年第4期；《唐代都波新探》刊于《社会科学战线》1978年第3期，后收入韩儒林：《穹庐集》，河北教育出版社，2000年，第379—387页。

《元代的吉利吉思及其邻近诸部》一文，梳理了黠戛斯后裔元代吉利吉思历史及其民族关系①。周清澍的《元朝对唐努乌梁海及其周围地区的统治》和《中国大百科全书·元史》“吉利吉思”等条，探讨了唐代黠戛斯与其邻部的关系以及元代的吉利吉思部的历史，是吉利吉思历史研究的重要学术成果②。乌兰发表《蒙古征服乞儿吉思史实的几个问题》一文，探讨了乞儿吉思和其他林木中百姓③归附的过程、史籍中几个人名的异同，以及《元朝秘史》遗漏的重要史实——乞儿吉思人起义等问题④。那木吉拉《〈元史·地理志·西北地附录〉吉里吉思传说考述》一文，分析了突厥语族等北方民族有把数字“四十”当成象征数或吉祥数文化的习俗⑤。王颋的《金山以西交通与耶律大石西征路线新证》一文，考证了耶律大石西迁时，遇乞儿吉思阻止之事⑥。刘正寅的《〈史集·部族志·乞儿吉思部〉研究》一文，将波斯原文《史集·部族志·乞儿吉思部》逐句翻译成汉文，纠正了以往版本的多处错误，对研究乞儿吉思历史具有重要的参考价值⑦。

---

① 韩儒林：《元代的吉利吉思及其邻近诸部》，《中国史研究》1979 年第 1 期，后收入韩儒林：《穹庐集》，第 388—426 页。

② 周清澍：《元朝对唐努乌梁海及其周围地区的统治》，《社会科学战线》1978 年第 3 期。

③ “林木中百姓”一词，始见于《蒙古秘史》卷 10，第 239 节，兔年（1207），“拙赤将在失必儿、客思的青、巴亦惕、秃合思、田列克、脱额列思、巴只吉惕（等地）这边的林木中百姓（尽都）收服”。“林木中百姓”又称“森林部落”，是被成吉思汗的长子拙（术）赤征服的居住在森林地带的各部，成吉思汗将其赐予拙（术）赤管理。参见札奇斯钦：《蒙古秘史新译并注释》，台北联经出版事业公司，1979 年，第 357 页。

④ 乌兰：《蒙古征服乞儿吉思史实的几个问题》，《中国蒙古史学会成立大会纪念集刊》，中国蒙古史学会编印，1979 年。

⑤ 那木吉拉：《〈元史·地理志·西北地附录〉吉里吉思传说考述》，《民族文学研究》1997 年第 3 期。

⑥ 王颋：《金山以西交通与耶律大石西征路线新证》，《西北师大学报》（社会科学版）2002 年第 6 期。

⑦ 刘正寅：《〈史集·部族志·乞儿吉思部〉研究》，《中国边疆史地研究》2013 年第 1 期。

五、关于今柯尔克孜族的相关研究

黠戛斯是今柯尔克孜族的远祖，所以，相关研究不免涉及黠戛斯。《柯尔克孜族简史》一书，简要梳理了从汉代的坚昆到现代的新疆区域内柯尔克孜族的历史[①]。杨富学《古代柯尔克孜人的宗教信仰》，探讨了古代黠戛斯人的宗教信仰问题[②]。孟楠《古代黠戛斯人“剺面”习俗小考》《黠戛斯人剺面习俗研究》，利用13世纪柏郎嘉宾的《柏郎嘉宾蒙古行记·鲁不鲁乞东行记》及《玛纳斯》等相关史料，得出乞儿吉思人和柯尔克孜人有剺面[③]习俗的结论，进而推论唐代的黠戛斯人也存在剺面的习俗[④]。此外，还有杜荣坤、郭平梁《柯尔克孜族的故乡及其西迁》、郭平梁《十至十八世纪初的乞儿吉思》、阿斯卡尔·居努斯《西迁前后柯尔克孜族经济生活的变化》、张彦平《柯尔克孜图腾文化的内涵及嬗变》、熊坤新等《柯尔克孜族伦理思想述评》等论文，均是研究柯尔克孜族历史文化的相关成果[⑤]。

总括来讲，当今学术界对黠戛斯历史还缺乏全面系统的研究，一些专题研究仍然比较薄弱，需要在总结现有成果的基础上，展开更加系统、深入的研究。

---

① 柯尔克孜族简史编写组:《柯尔克孜族简史》，新疆人民出版社，1986年。

② 杨富学:《古代柯尔克孜人的宗教信仰》,《西北民族研究》1997年第1期。

③ 剺面是匈奴、突厥等古代北方民族的古老习俗。生者在葬礼上哀悼死者时，用刀划面部、割耳朵、剪头发等方式，致血泪俱下以表示哀痛和悲伤。在送别、诉冤、明志、请愿等场合，也用剺面来表达强烈的情感。

④ 孟楠:《古代黠戛斯人“剺面”习俗小考》,《中国西北边疆》2004年第1期；孟楠:《黠戛斯人剺面习俗研究》,《西域研究》2007年第3期。

⑤ 杜荣坤、郭平梁:《柯尔克孜族的故乡及其西迁》,《新疆社会科学》1982年第2期；郭平梁:《十至十八世纪初的乞儿吉思》,《新疆社会科学》1983年第4期；阿斯卡尔·居努斯:《西迁前后柯尔克孜族经济生活的变化》,《西域研究》2003年第4期；张彦平:《柯尔克孜图腾文化的内涵及嬗变》,《西域研究》1993年第3期；熊坤新、王换芳、梁秀玲:《柯尔克孜族伦理思想述评》,《新疆师范大学学报（哲学社会科学版）》2006年第2期。

第二章　黠戛斯族名族源

黠戛斯以“鬲昆”之名，始见于《史记·匈奴列传》。《汉书·匈奴传》记为“坚昆”“隔昆”。唐代始现“黠戛斯”族名，系由唐人贾耽译自古突厥语[①]。黠戛斯族源问题，古代文献记载较为复杂，相继出现了“突厥同源”“种杂丁零”“李陵后裔”等说法。从人种学上看，黠戛斯初属欧罗巴人种已为考古发现所证实。其族群构成中的蒙古利亚人种来源则较为复杂，是“种杂丁零”还是“李陵后裔”，抑或是被匈奴、鲜卑征服所致，还需深入研究。不可否认的一点，历史上阿尔泰语系诸民族的接触与融合，是导致黠戛斯血缘成分复杂的主要因素。

第一节　黠戛斯族名

唐代黠戛斯远祖的族名，始见于《史记·匈奴列传》，司马迁译写作“鬲昆”。班固撰《汉书·匈奴传》又以“隔昆”“坚昆”等汉字译写。其后不同历史时期的汉文文献，相继还出现了“纥骨”“契骨”“黠戛斯”“辖戛斯”“乞儿吉思”“吉利吉思”等诸多名称。研究发现，黠戛斯族名出现不同汉字译写的原因，主要由语源、方言、语音等多种因素所致。

一、黠戛斯族名的由来

唐太宗贞观年间，坚昆国势稍强，甚至“地与突厥等”[②]。唐太宗对漠北的羁縻策略，引北方民族诸部纷纷来附。贞观二十二年（648），坚昆酋长入朝拜见太宗，史官考其为汉代“坚昆”之后，唐太宗遂以其地设

---

① 《会昌一品集》卷6《与纥扢斯可汗书》，第33页。

② 《新唐书》卷217下《黠戛斯传》，第6149页。

坚昆督都府。其间，坚昆也多次向唐朝派出使者和商人。

唐肃宗乾元年间（758—760），因为漠北回鹘击败了黠戛斯并阻断了通往唐朝的道路，黠戛斯与唐的联系中断。黠戛斯的相关信息，唐人只能从回鹘来往使者、商人口中获得。唐德宗贞元十七年（801），贾耽上《古今郡国县道四夷述》40卷，依据回鹘使者的发音，将"坚昆"族名汉译为"黠戛斯"①。虽然汉译了黠戛斯族名，但对于该族名的由来，贾耽似也不知所由。

唐武宗会昌元年（841）八月，回鹘乌介可汗遣使告难，"言本国为黠戛斯所攻，故可汗死，今部人推为可汗"②。随后，黠戛斯也派使者赴唐告破回鹘之事。因时隔久远，唐武宗朝官吏已不知前朝与黠戛斯往来之事，时任宰相李德裕初把"黠戛斯"族名汉字音译为"纥扢斯"，与黠戛斯首份国书即题为《与纥扢斯可汗书》。随后，李德裕翻阅前朝文案，方知德宗朝贾耽已做了汉文译写，因此，"商量册命时，奏请依贾相公《华夷述》，便以黠戛斯为定"③。李德裕重新确认了其汉译的族名，从唐武宗朝起便以"黠戛斯"族名取代了太宗朝的"坚昆"族名。

据《新唐书·黠戛斯传》记载，"后狄语讹为黠戛斯，盖回鹘谓之，若曰黄赤面云，又讹为戛戛斯"④。黠戛斯族名源于回鹘，并有"黄赤面"之意；此外，还读作"戛戛斯"。《唐会要》载坚昆族名转为黠戛斯，是读音的语速所致⑤。故汉文文献对黠戛斯族名有两种解释：其一，源于回鹘的族他称；其二，黠戛斯族名的读音，原本应读为"黠戛戛斯"，因为急读而发出了"黠戛斯"之音，是黠戛斯人的族自称。

考黠戛斯一名，始见于后突厥汗国时期。8世纪初，鄂尔浑河畔的突厥人用古突厥文刻写了《暾欲谷碑》《阙特勤碑》《毗伽可汗碑》等碑铭，碑文中出现了"Qïrqïz"一词⑥。诸碑中多次提到"Qïrqïz"是后突厥汗国北方的强敌，并对其发动了多次攻击。回鹘汗国继后突厥汗国之后

---

① 《唐会要》卷100《结骨国》，第1785页。

② 《旧唐书》卷18上《武宗本纪》，第588页。

③ 《会昌一品集》卷6《与纥扢斯可汗书》，第33页。

④ 《新唐书》卷217下《黠戛斯传》，第6149页。

⑤ 《唐会要》卷100《结骨国》，第1785页。

⑥ 〔苏联〕威廉·巴托尔德著，罗志平译：《中亚突厥史十二讲》，第31页。

才兴起，故《新唐书》载其族名始于回鹘人的说法，从时序上考察显然不能成立。再者，回鹘语 serig（黄色）与碑文所载 Qïrqïz 一词的发音并不相同。通过利用民族语文学方法构拟，“黠戛斯”可读作 *ɣæt-kæt-sĭe。其中的尾音 s 与 z，在汉语西北方言中，均为舌尖前擦音，发音部位相同，唯有清浊之别，故而 s 与 z 通。Qïrqïz 中的 -z 音可汉译作“斯”①。贾耽汉字译写的黠戛斯族名，当是汉语急读古突厥语 Qïrqïz 一词而来。因此，黠戛斯族名当是其族自称，黠戛斯族名源自回鹘的说法不可取。

辽代在黠戛斯之地设有辖戛斯国王府，《辽史·属国表》将“黠戛斯”转写作“辖戛斯”；《金史》又称其为“纥乞斯”。辽金元时期，对“黠戛斯”族名的音译，更加接近于古突厥语 Qïrqïz 的发音。《元史》有多种汉字译写，如“乞力吉思”“吉利吉思”“乞儿吉思”“乞里吉思”等，因为唐代西北方言的 ẑi 音，在元代读作 er 音，是汉语语音的变化所致②。

二、黠戛斯族名的演变

公元前 3 世纪，匈奴冒顿单于建立了统一北方的游牧政权。《史记·匈奴列传》载冒顿“北服浑庾、屈射、丁零、鬲昆、薪犁之国”③，鬲昆因被匈奴征服而首现于汉文史册。《汉书·匈奴传》亦载冒顿单于“北服浑窳、屈射、丁零、隔昆、新藜之国”④。班固虽然沿袭了《史记·匈奴列传》的记载，但“鬲昆”被译写为“隔昆”。利用民族语文学方法，汉代“鬲昆”的音值大体可构拟复原为 *kæk-kuən⑤。因此，汉初“鬲昆”与“隔昆”，虽然表示首字的汉字不同，但音值并未改变。

西汉永光元年（前 43），匈奴郅支单于“北击乌揭，乌揭降。发其

---

① 李树辉：《尉犁地名和柔然源流考》，《新疆大学学报》（哲学人文社会科学版）2007 年第 2 期；芮传明：《古突厥碑铭研究》，第 247 页。

② 韩儒林：《关于西北民族史中的审音与勘同》，《穹庐集》，第 232 页。

③ 《史记》卷 110《匈奴列传》，第 2893 页。

④ 《汉书》卷 94 上《匈奴传》，第 3753 页。

⑤ 刘迎胜：《古代中原与内陆亚洲地区的语言交往》一文，指出“鬲”与“隔”二字，在上古的读音相同或相近，并提出上古汉语存在复辅音现象，因此，将“鬲昆”构拟为 *glkun。参见王元化主编：《学术集林》（卷七），上海远东出版社，1996 年，第 173 页。

兵西破坚昆，北降丁令，并三国”[①]。班固又以“坚昆”替代了“隔昆”，考“坚昆”的汉代音值可构拟为 *genkun。《三国志·魏略·西戎传》亦沿袭了《汉书》的“坚昆”称谓[②]。实际上，“鬲昆”“隔昆”“坚昆”本相同，皆译自同一个词，且与原蒙古语的 *Qirghun 读法基本相近[③]。直到唐代太宗朝，“坚昆”一名才被唐人辨识并沿用至乾元年间，直至唐武宗时期为止，“坚昆”是黠戛斯历史汉文文献中使用最久的族名。唐人解释“坚昆”一名的寓意，有“坚者不朽之名，昆者有后之称”的说法[④]。台湾学者陈庆隆提出“坚昆”是该族族名的意译，而不是汉语的音译，认为“坚昆”一词，是由 Kem（剑河）+Kun（匈奴）构成，是“剑河之匈奴”的意思。但考“剑河”一词始现唐代，以此解释汉代“坚昆”之名，不免有些牵强[⑤]。

南北朝至隋唐五代时期，《周书》《北史》的《突厥传》，将坚昆族名汉译作“契骨”[⑥]，音值可构拟为 *k‘iet-kuət。《隋书》《北史》的《铁勒传》，则译写为“纥骨”[⑦]，可构拟为 *ɤət-kuət。缘于汉语语音上古音转为中古音的变化，黠戛斯族名的译写汉字也随之发生了变化。

从两汉至唐代，黠戛斯族名先后有多种汉字译写形式[⑧]。从语文学的角度，可考这些族名的发音基本相近，只是所用汉字不同而已，而形成多种不同译写形式的原因，可归结为汉语语音的历史演变、汉语各地方言的差异、不同的语源等。鬲昆、坚昆等族名，刘迎胜认为是中原史官

① 《汉书》卷 94 下《匈奴传》，第 3800 页。

② 《三国志》卷 30《魏书·乌丸鲜卑东夷传》附鱼豢撰《魏略·西戎传》，第 863 页。

③ 刘迎胜：《古代中原与内陆亚洲地区的语言交往》，《学术集林》（卷七），第 173 页。

④ 《会昌一品集》卷 6《与黠戛斯可汗书》，第 35 页。

⑤ 陈庆隆：《坚昆、黠戛斯与布鲁特考》，《大陆杂志》1975 年第 51 卷第 5 期。

⑥ （唐）令狐德棻等：《周书》卷 50《异域下·突厥传》，中华书局，1971 年，第 908 页；（唐）李延寿：《北史》卷 99《突厥传》，中华书局，1983 年，第 3303 页。

⑦ （唐）魏征等：《隋书》卷 84《北狄·铁勒传》，中华书局，1973 年，第 1879 页；《北史》卷 99《铁勒传》，第 3303 页。

⑧ 文中词汇的汉语构拟还原，参见岑仲勉：《通鉴隋唐纪比事质疑》，中华书局，1964 年；王力：《同源字典》，商务印书馆，1999 年；周祖谟校笺，吴晓铃通检：《方言校笺及通检》，科学出版社，1956 年；王力主编：《王力古汉语字典》，中华书局，2000 年。

对原蒙古语读法 *Qirghun 的译写[1]。纥仡斯、黠戛斯等族名，则不属于原蒙古语的转写，当是译自古突厥语[2]。其后的乞儿吉思等族名译写，则更接近于古突厥语的发音。唐以前黠戛斯的"坚昆"族名源于原蒙古语的译写，至少说明了黠戛斯与操原蒙古语的古代民族有过历史接触，才使其得以为中原人所耳闻；而其译自古突厥语的族名，表明黠戛斯受突厥文化的影响并发生了突厥化的转变，唐代"其文字言语，与回鹘正同"[3]当是其最好的注解。厘清与辨别历史文献中北方民族的族名，尤其是同一民族出现不同族名的原因，并由族名译写而追溯其历史发展的脉络与流变，或可为探其族源提供科学合理的依据。

第二节　黠戛斯族源

关于黠戛斯族源，唐宋时期的文献记载出入较多。《周书·异域下·突厥传》称其与突厥阿史那氏同源；《隋书·北狄·铁勒传》则将黠戛斯归为与铁勒同族[4]；《新唐书·黠戛斯传》载"其种杂丁零""人皆长大，赤发、皙面、绿瞳，以黑发为不祥。黑瞳者，必曰陵苗裔也"[5]，出现了"杂丁零""李陵后裔"等不同记载及欧罗巴、蒙古利亚等人种特征。

基于文献所载，对坚昆人具有的欧罗巴人种与蒙古利亚人种的双重特质，研究者们也各执己见。由《周书》黠戛斯与突厥同源的传说，苏联学者吉谢列夫认可史料记载所述，黠戛斯是丁零与坚昆的混合种族的说法[6]。另有学者依据《隋书》记载，将黠戛斯划入铁勒诸部[7]。也有学

① 刘迎胜:《古代中原与内陆亚洲地区的语言交往》,《学术集林》(卷七)，第 173 页。

② 李树辉:《尉犁地名和柔然源流考》,《新疆大学学报》(哲学人文社会科学版)2007 年第 2 期。

③ 《新唐书》卷 217 下《黠戛斯传》，第 6148 页。

④ 《隋书》卷 84《北狄·铁勒传》，第 1879 页。

⑤ 《新唐书》卷 217 下《黠戛斯传》，第 6147 页。

⑥ 〔苏联〕C. B. 吉谢列夫:《南西伯利亚古代史》(下册)，第 118 页；国内学者薛宗正也认同此说，参见薛宗正:《黠戛斯的崛兴》,《民族研究》1996 年第 1 期。

⑦ 王日蔚:《丁零民族考》,《突厥与回纥历史论文选集(1919—1981)》(上册)，第 39 页。

者认同《新唐书》的说法，认为黠戛斯必是源出欧罗巴人[①]。

总括以上，黠戛斯族源诸说中以“突厥说”“李陵后裔说”较有影响。因此，据文献史料与考古资料，有必要对黠戛斯的族源加以辨析。

一、黠戛斯族源突厥说

黠戛斯与突厥同源的记载，始见于唐代令狐德棻等修撰的《周书》卷 50《异域下·突厥传》，黠戛斯族名汉字译写为“契骨”。《周书》述及突厥人的起源，载有多种传说。其中一则传说为：

> 或云突厥之先出于索国，在匈奴之北。其部落大人（泛指部落首领）曰阿谤步，兄弟十七人，其一曰伊质泥师都，狼所生也。谤步等性并愚痴，国遂被灭。泥师都既别感异气，能征召风雨。娶二妻。云是夏神、冬神之女也。一孕而生四男：其一变为白鸿；其一国于阿辅水、剑水之间，号为契骨；其一国于处折水；其一居践斯处折施山，即其大儿也[②]。

上述关于突厥起源的传说，除了突厥始祖还有白鸿（以图腾相称的部族）、契骨、处折水（以居处指代的部族）三部。览文所载，对此三部的考证当上溯至匈奴时期。匈奴冒顿单于时“匈奴最强大，尽服从北夷”，疆域逐渐扩大向“北服浑窳、屈射、丁零、隔昆、新犂之国”[③]。先后被冒顿单于征服的“隔昆”等五国均在匈奴北[④]。其中，与突厥起源有关的民族，有《周书》所记的契骨（即汉时的隔昆，又作坚昆），处于阿辅水（今俄罗斯阿巴坎河）与剑水（今俄罗斯叶尼塞河）之间。《周书》所记大儿（纳都六）所在的索国，位于阿尔泰山脉的践斯处折施山（今俄罗斯叶尼塞河上游地区），后大儿发展为突厥始祖[⑤]。

---

① 周连宽：《丁零的人种和语言及其与漠北诸族的关系》，《中山大学学报》（社会科学）1957 年第 2 期；文中参考引自林幹：《突厥与回纥历史论文选集（1919—1981）》（上册），第 55—85 页。

② 《周书》卷 50《异域下·突厥传》，第 908 页。

③ 《汉书》卷 94 上《匈奴传》，第 3751、3753 页。

④ 《史记》卷 110《匈奴列传》，第 2893 页。

⑤ 钱伯泉：《乌揭——阿尔泰历史和草原丝路的早期主人》，《西域研究》2000 年第 4 期。

与其族源相关的其他两部，可参见《三国志》的记载“呼得国在葱岭北，乌孙西北，康居东北，胜兵万余人，随畜牧，出好马，有貂。坚昆国在康居西北，胜兵三万人，随畜牧，亦多貂，有好马。丁令国在康居北，胜兵六万人，随畜牧，出名鼠皮，白昆子、青昆子皮。此上三国，坚昆中央,俱去匈奴单于庭安习水七千里”①。康居临都赖水（今哈萨克斯坦的塔拉斯河）②，史料所见的呼得（呼揭、乌揭）当居于今阿尔泰山的中部和北部③，坚昆在今俄罗斯叶尼塞河的上游，阿尔泰山的东北方向，应在康居东北。由此可知，丁零在坚昆国的东南（相当于今俄罗斯的贝加尔湖以南），丁零距离匈奴的庭帐安习水（今蒙古国鄂尔浑河）的距离最近，不过千余里。与索国相邻的是丁零、坚昆、呼得国，是相对较近的三部。但此时已不见索国在该地域的记载，或因被匈奴征服致其部众离散、迁徙而后或再重组。

至匈奴郅支单于时，曾西走“因北击乌揭，乌揭降。发其兵西破坚昆，北降丁令，并三国。数遣兵击乌孙，常胜之。坚昆东去单于庭七千里，南去车师五千里，郅支留都之”④。由于郅支单于西迁，坚昆、丁零、乌揭三部并列见载于史册，索国仍不见载，说明他们或已别迁他处。秦汉时期，如果以阿尔泰山为中轴线划分的话，匈奴以北的坚昆、丁零、乌揭等北方民族各部大多环绕阿尔泰山一带居住。但匈奴强盛之时，从史载“楼兰、乌孙、呼揭及其旁二十六国皆已为匈奴。诸引弓之民并为一家，北州以定”⑤可见，被匈奴征服的北方各部之间，当会自然而然地发生联系。北方民族之间的交融与影响，都是历史的必然。

综上所述，《周书·异域下·突厥传》所载与索国同源的三部，当分别是以白鸿为图腾的丁零部、契骨（汉代坚昆）与居于处折水的呼揭部（又称乌揭、呼得）。这三部之所以被纳入与突厥人先祖同源的传说，皆

---

① 《三国志》卷 30《魏书·乌丸鲜卑东夷传》附鱼豢撰《魏略·西戎传》，第 863 页。此处略去对文献记载错误的考证过程。

② 《汉书》卷 70《傅常郑甘陈段传》，第 3008 页。

③ 钱伯泉：《乌揭——阿尔泰历史和草原丝路的早期主人》，《西域研究》2000 年第 4 期。

④ 《汉书》卷 94 下《匈奴传》，第 3800 页。

⑤ 《汉书》卷 94 上《匈奴传》，第 3757 页。

因四部曾相邻而居。此说反映了其地缘关系而非血缘相通的族源关系。至于黠戛斯与突厥，是由同一祖源衍生的不同部落的观点，即黠戛斯族源突厥说[①]，其实并不可取。因此，唐代魏征等所撰的《隋书·北狄·突厥传》述及突厥起源时，并未采用契骨、突厥二者同源的说法[②]。

从现在可见的资料入手，不可否认黠戛斯与突厥在社会经济、文化等方面，的确存在诸多相近之处。例如，他们都精于冶铁并崇尚铁。早期突厥人曾被柔然汗国胁迫至金山之南，成为柔然的“锻奴”[③]，“工于铁作”[④]。黠戛斯地富产铁矿石，其人也掌握了冶炼技术，出产的铁矿还“常以输突厥”[⑤]。

再者，黠戛斯人也使用古突厥语，与突厥、回鹘等语言、文字相通。黠戛斯“其文字言语，与回鹘正同”“谓月为哀”[⑥]。唐武宗会昌二年（842），黠戛斯击溃回鹘后，遣使者踏布合祖使唐，商议与唐联合歼灭回鹘余众问题。因语言不通，需要翻译。时任中书译语人（翻译）的是回鹘人石佛庆。宰相李德裕担心与黠戛斯使者的谈话，有些言语“不便于回鹘者”[⑦]，因为他怀疑回鹘人石佛庆不能如实翻译或泄露机密，于是建议从外地借调译语人充当翻译。由此可证，黠戛斯语与回鹘语是相通的。

至于文字的相通，可见于叶尼塞河上游发现的古突厥文碑铭，也正因与鄂尔浑河流域碑铭的文字基本相近，而被连称作鄂尔浑—叶尼塞碑铭。因此，7 世纪时，黠戛斯当属于突厥语族[⑧]，根源在于历史上的阿尔泰语系诸语族，始终处于接触融合的动态发展中。因此，黠戛斯语言、文字的突厥化，无疑与突厥、回鹘对黠戛斯的影响有关。再则，阿尔泰语系各部语言的借用，也是古代北方民族非常普遍的历史现象。

---

① 马长寿：《突厥人和突厥汗国》，第 7 页。

② 《隋书》卷 84《北狄·突厥传》，第 1863 页。

③ 《周书》卷 50《异域下·突厥传》，第 908 页。

④ 《隋书》卷 84《北狄·突厥传》，第 1863 页。

⑤ 《新唐书》卷 217 下《黠戛斯传》，第 6147 页。

⑥ 《新唐书》卷 217 下《黠戛斯传》，第 6148 页；〔苏联〕威廉·巴托尔德著，罗志平译：《中亚突厥史十二讲》，第 32 页。突厥语“哀（ay）”是“月亮”之意。

⑦ 《会昌一品集》卷 15《论用兵》，第 96 页。

⑧ 〔俄〕瓦·符·巴托尔德：《突厥蒙古诸民族史》，《北方民族史与蒙古史译文集》，第 277 页。

尽管在经济、文化上，突厥与黠戛斯有许多共性，然而，其各自固有的文化传统，仍具有明显的差异。据汉文文献的相关记载，黠戛斯与突厥在图腾及风俗习惯等方面存在着诸多不同之处，表明二者的文化传统具有明显的差异。

首先，丧葬习俗上，黠戛斯人与突厥人虽然“大率相同”，仅略有差异。黠戛斯人死后，有焚尸收骨入葬的习俗①。突厥人死后，实行火葬待时而葬骨灰的葬俗②。在突厥人的丧葬过程中，逝者离世与发丧之日，先后有两次剺面的习俗③。黠戛斯人既有“丧不剺面”，也有“剺面”的记载。由于缺乏相应的佐证，详情不得而知。

其次，突厥有收继婚的习俗④。黠戛斯是否有收继婚习俗，汉文文献不见明确记载，但据《通典》载“其俗大率与突厥同”⑤，或许黠戛斯也有收继婚的习俗。文身是黠戛斯人完全有别于突厥人的婚俗。黠戛斯人“妇人嫁讫，自耳以下至项亦黥之”⑥，女子以“黥项”来区别其已婚或未婚。

婚丧习俗之外，狼图腾崇拜是古代突厥文化的主要特征⑦。突厥于“旗纛之上，施金狼头”，突厥的卫士也被称作狼（附离）⑧。考古发现也证实了突厥的狼图腾崇拜。1969 年，蒙古国考古学家道尔基苏荣在布古特（后杭爱省以西 10 千米处）发现一个墓葬群，其中就有一个浮雕装饰的石碑，石碑顶端是一个狼形，狼肚下方有一个站立的人形，其中的寓意是非常明显的⑨。《突厥语大词典》记述突厥各部新生儿出生习俗时，讲到

---

① 《通典》卷 200《边防·结骨》，载“火葬，收其骨，踰年而为坟墓”，第 5493 页；《太平寰宇记》沿袭了《通典》的记载；《新唐书》卷 217 下《黠戛斯传》记载，黠戛斯人死后“乃火之，收其骨，岁而乃墓”，第 6148 页。

② 《新唐书》卷 215 上《突厥传》，第 6028 页。

③ 《周书》卷 50《异域下·突厥传》，第 909 页。

④ 《隋书》卷 84《北狄·突厥传》，第 1876 页。

⑤ 《通典》卷 200《边防·结骨》，第 5492 页。

⑥ 《太平寰宇记》卷 199《四夷·北狄·黠戛斯》，第 3823 页。

⑦ 〔美〕路易斯·亨利·摩尔根著，杨东莼、马雍、马巨译：《古代社会》（上册），商务印书馆，1977 年，第 280 页。

⑧ 《周书》卷 50《异域下·突厥传》，第 910 页。

⑨ 〔日〕吉田丰、森安孝夫：《ブゲト碑文》，森安孝夫、ォチル：《モンゴル国现存遺蹟·碑文調査研究報告》，中央ユーラシア学研究会，1999 年，第 122 页。

人们并不会问“生了女孩还是男孩”，而是问“生了狐狸，还是狼”[①]。因为男孩生性勇敢，被突厥人比作狼，此俗显然也与狼图腾崇拜有关。

唐人段成式等《酉阳杂俎》记载“坚昆部落非狼种”，可见黠戛斯人的图腾不是狼，他们自认为是神与牛的后代[②]。在中亚旅行家的行纪中，就出现了“有些黠戛斯人崇拜母牛”的记载[③]。黠戛斯人对牛的崇拜，在南西伯利亚的考古发现中也得到印证。黠戛斯《别格烈碑》铭文，有“我杀死了七只狼，我并没有杀害虎和鹿”的描述[④]。黠戛斯人杀掉了狼，并未伤害虎、鹿等动物，虎和鹿皆是其图腾。除了对牛的崇拜，黠戛斯人还崇尚虎。《阿尔腾库尔碑》亦载“järdäki Bars tägimä rdämligmä ükmä dim……（我离开了我的虎氏族土地上的我的高贵的伙伴）”[⑤]。《恰库尔碑》的铭文里，也几次出现过“虎”字，并多用作人的名字，如“Älči čur küč Bars（使臣啜尔，凶猛的虎）”，“Tuz baj küc bars külüg（威猛的图兹巴依，著名的虎）”。经过苏联学者考证，《恰库尔碑》的主人是黠戛斯社会的高贵人物——“光明王子”（Jaruq tägin），也就是突厥阙特勤和默棘连（毗伽可汗）碑文提到的黠戛斯巴尔思匐（拔塞匐），即虎汗[⑥]。从以上碑文可知，虎是黠戛斯人的图腾，寓意着高贵与勇猛。突厥、回鹘崇拜狼，而黠戛斯人猎杀狼，说明二者的族源不可能有关联。

综上可知，黠戛斯与突厥同源的记载，只能说明历史上北方各民族的接触、融合、影响与传承，导致阿尔泰语系诸民族之间存在着诸多的共性。唐高宗永淳元年（682），后突厥汗国兴起后，黠戛斯人也逐渐使

---

① 麻赫默德·喀什噶里著，校仲彝等译：《突厥语大词典》（第1卷），民族出版社，2001年，第453页。

② （唐）段成式等撰，曹中孚等校点：《酉阳杂俎》卷4《境异》，上海古籍出版社，2012年，第24页。

③ 〔苏联〕巴托尔德著：《加尔迪齐著〈记述的装饰〉摘要》，王小甫译，陈继周校，《西北史地》1983年第4期。

④ 〔苏联〕A.伯恩什达姆著，杨讷译，郝镇华校：《6至8世纪鄂尔浑叶尼塞突厥社会经济制度（东突厥汗国和黠戛斯）》，第221页。

⑤ 〔苏联〕A.伯恩什达姆著，杨讷译，郝镇华校：《6至8世纪鄂尔浑叶尼塞突厥社会经济制度（东突厥汗国和黠戛斯）》，第222页。

⑥ 〔苏联〕A.伯恩什达姆著，杨讷译，郝镇华校：《6至8世纪鄂尔浑叶尼塞突厥社会经济制度（东突厥汗国和黠戛斯）》，第224页。

用突厥语言、文字，发生了突厥化的演变[①]。但黠戛斯民族具有自己独特的传统习俗，在其内部世代传承且根深蒂固。如果从各自的传统习俗、图腾等民族固有特质分析，黠戛斯显然与突厥有着本质的差别。黠戛斯是突厥语族，而不是突厥族，是当今中外学术界不争的史实[②]。

二、黠戛斯族源李陵后裔说

黠戛斯远居叶尼塞河上游，距中原较为遥远。唐太宗经略漠北，联合铁勒各部击败了突厥汗国。至此，坚昆随漠北铁勒各部南下，始与唐朝往来。至于黠戛斯人系“李陵后裔说”，则始自唐中宗朝[③]。据《新唐书·黠戛斯传》载：

> 闻铁勒等已入臣，即遣使者献方物，其酋长俟利发失钵屈阿栈身入朝，太宗劳享之，谓群臣曰：‘往渭桥斩三突厥，自谓功多，今俟利发在席，更觉过之。’俟利发酒酣，奏愿得持笏，帝以其地为坚昆府，拜俟利发左屯卫大将军，即为都督，隶燕然都护。高宗世，再来朝。景龙中，献方物，中宗引使者劳之曰：‘而国与我同宗，非它蕃比。’属以酒，使者顿首。玄宗世，四朝献[④]。

唐太宗贞观二十二年（648），坚昆酋长俟利发失钵屈阿栈入朝，太

① 李树辉：《古代回鹘文史诗〈乌古斯可汗的传说〉有关问题考辨》，《新疆文物》2004 年第 1 期。由此可见，黠戛斯语言与突厥语的关联。

② 〔苏联〕威廉·巴托尔德著，罗志平译：《中亚突厥史十二讲》，第 33 页。

③ 历史上被追以“李陵后裔”的民族，并不止唐代黠戛斯一族，究其追祖李陵的现象，可上溯至南北朝时期，文献记载如《宋书·索虏》曰：“索头虏姓托跋氏，其先汉将李陵后也。陵降匈奴，有数百千种，各立名号，索头亦其一也。”（梁）沈约：《宋书》卷 95《索虏》，中华书局，2018 年，第 2321 页；《南齐书·魏虏》曰：“初，匈奴女名托跋，妻李陵，胡俗以母名为姓，故虏为李陵之后，虏甚讳之，有言其是陵后者，辄见杀，至是乃改姓焉。”（梁）萧子显：《南齐书》卷 57《魏虏》，中华书局，1972 年，第 983 页；考古发现参见宁夏回族自治区博物馆、宁夏固原博物馆：《宁夏固原北周李贤夫妇墓发掘简报》，《文物》1985 年第 11 期。

④ 《新唐书》卷 217 下《黠戛斯传》，第 6149 页。

宗以其地为坚昆都督府。高宗朝，坚昆再次朝献。太宗、高宗两朝，均未提及“同宗”之事。唐中宗景龙三年（709），坚昆使者再入唐，“中宗引使者劳之曰：‘而国与我同宗，非它蕃比。’”[①]可见，黠戛斯与唐朝同宗的说法，语出唐中宗，玄宗朝虽四次朝献，也不见此说。

贞元十七年（801），唐杜佑撰成《通典》，其中《边防典》述及边裔各部，描述结骨（黠戛斯）人“身悉长大，赤色，朱发绿睛。有黑发者，以为不祥”[②]。杜佑已知黠戛斯人具有双重特征，但并没有提及与李陵相关的记载。同时期，贾耽也完成了《海内华夷图》及《古今郡国县道四夷述》40卷[③]。贾耽汉译了黠戛斯族名，讲到了通达黠戛斯的交通，唯独没有提及其族源与李陵的关联。至唐文宗开成五年（840），黠戛斯击溃漠北回鹘后，遣使入唐告知回鹘败亡西走，武宗朝宰相李德裕重提中宗朝的话题并追宗李陵。其后，汉文文献沿袭了“黠戛斯自称李陵之后，与国同姓”的记载[④]。唐人段成式等所著《酉阳杂俎》卷4《境异》篇，亦载：“其先所生之窟在曲漫山北，自谓上代有神与牸牛交于此窟。其人发黄，目绿，赤髭髯。其髭髯俱黑者，汉将李陵及其兵众之胤也。”[⑤]段成式等的描述，显然是沿用了李德裕的说法。至宋人欧阳修等撰《新唐书·黠戛斯传》，述及黠戛斯人族源，始出现了“种杂丁零”“人皆长大，赤发、皙面、绿瞳，以黑发为不祥”“黑瞳者，必曰陵苗裔也”[⑥]等几种关于其族源及人种学特征的说法。宋人乐史所撰的《太平寰宇记》、王溥撰修的《唐会要》等古籍文献，不仅沿袭了以上说法，还以时任唐北庭都护盖嘉运撰写的《西域记》为依据，认为坚昆国有黑发黑眼睛者，则李陵之后，故其人称是“都尉苗裔”[⑦]。唐代始现的“黠戛斯李陵后裔说”，

---

① 《新唐书》卷217下《黠戛斯传》，第6149页。

② 《通典》卷200《边防·结骨》，第5492页。

③ 《旧唐书》卷13《德宗本纪》，第395页。

④ 《旧唐书》卷195《回纥传》，第5213页。

⑤ 《酉阳杂俎》卷4《境异》，第24页。

⑥ 《新唐书》卷217下《黠戛斯传》，第6147页。

⑦ 考《新唐书》卷59《艺文志》关于西域的文献，仅列出玄奘《大唐西域记》12卷、辩机《西域记》12卷，未列盖嘉运的《西域记》。《新唐书》成书较晚，《太平寰宇记》《唐会要》显然是沿用了其说法。

被宋人所撰写的史籍，如《新唐书》《太平寰宇记》所承继。宋代文献不仅沿袭了唐人的说法，还加剧了这一说法的演绎之嫌。基于以上文献的记载，学界对黠戛斯族源亦各持己见①。甚至于今中国新疆的柯尔克孜人或中亚的吉尔吉斯人，都怀疑其族源是否真的与李陵有关。

三、黠戛斯族源蠡测

依据汉文史籍的记载，古代黠戛斯族源的相关信息，有黄面、黑发、黑瞳等人种上的面貌特征。借助古代民族人种成分分析的结论，通过追溯其历史渊源，期望得到明确的答案却并非易事②。

蒙盖特《苏联考古学》部分章节，从文化传承上考察了包括黠戛斯在内的南西伯利亚的人种混杂脉络。其中阿凡纳羡沃文化（Afanasevo Culture），年代为公元前第三千年至第二千年之初，是南西伯利亚地区时代最早的青铜文化，该文化范围集中分布于叶尼塞河中游的米努辛斯克盆地和阿尔泰地区。居民属欧罗巴人种，不属于蒙古利亚人种。其后的安德罗诺沃文化（Andronovo Culture），年代为公元前第二千年至第一千年初，是西伯利亚及中亚地区的青铜时代文化。居民属欧罗巴人种的一个特殊类型。卡拉苏克文化（Karasuk Culture），年代为公元前1200—前700年，是西伯利亚及中亚地区的青铜时代文化，分布于南西伯利亚、鄂毕河上游和哈萨克斯坦。从体质特征来看，此地居民带有一些蒙古人种的特点，且发现的青铜器与中国北方的青铜器非常相似，说明其人口不仅自然增长，还从中国北部向此迁移了一些部落。对此，无论是人类学资料还是考古学资料都有所体现③。米努辛斯克盆地的塔加尔文化

---

① 多数学者对黠戛斯是否为李陵后裔，持否定态度。参见〔日〕护雅夫：《李陵》，中央公论社，1992年；温海清：《北魏、北周、唐时期追祖李陵现象述论——以“拓跋鲜卑系李陵之后”为中心》，《民族研究》2007年3期。但是，也有学者认同此说。俄罗斯学者俾丘林在《古代中亚各族资料汇编》第1卷中曾对《新唐书·回鹘传》做过注释，参见〔日〕内田吟风等著，余大钧译：《北方民族史与蒙古史译文集》，第327页。

② 朱泓：《人种学上的匈奴、鲜卑与契丹》，《北方文物》1994年第2期。

③〔苏联〕A. Л. 蒙盖特：《苏联考古学》第4章“青铜时代遗存的研究”，第115、117页。

（Tagar Culture），年代为公元前8—前2世纪，是南西伯利亚早期铁器时代文化，该文化分布于苏联叶尼塞河中游米努辛斯克盆地、克拉斯诺亚尔斯克地区和克麦罗沃州东部。塔施提克文化（Tashtyk Culture），年代为公元前1—公元4世纪，是南西伯利亚早期铁器时代文化。此时的人种出现了欧罗巴人种与蒙古利亚人种强烈混杂的现象[①]。其后，文化传承发展成为6—10世纪叶尼塞的黠戛斯文化。

坚昆人族源的蒙古利亚成分，出现的时间与来源都较为复杂，族源实则难以辨别。考文献记载其"种杂丁零"；又因隶属于匈奴，曾长期与匈奴人杂处；或许还不免与没入匈奴的中原兵士杂处；匈奴亡后，西部鲜卑大人控制了匈奴右地，故此，坚昆与鲜卑人的通婚融合也在所难免。

汉代古籍记载，丁零游牧于北海（今贝加尔湖一带），西与坚昆为邻。匈奴冒顿单于北服的诸部，坚昆与丁零并列。《三国志》载："坚昆国在康居西北……丁令国在康居北……此上三国，坚昆中央，俱去匈奴单于庭安习水七千里。"[②]进一步明确了坚昆与丁零相邻的相对地理位置。古籍中坚昆与突厥同源的记载，或许就与丁零、坚昆自古相邻有关。长期的历史接触，使坚昆"种杂丁零"也不无依据。考古发现证实丁零人属于蒙古人种，这是中外学界的基本共识[③]。公元初，匈奴骑兵的大规模北进，使坚昆有机会与丁零人直接接触。坚昆与丁零频繁的历史接触，很可能促成了部分黠戛斯人蒙古利亚人种特征的出现[④]。

匈奴与坚昆的渊源，始于冒顿单于的扩张。坚昆"去匈奴单于庭安习水七千里"[⑤]，从此沦为匈奴右地，并长期被匈奴所领属。郅支单于西迁时，留都于坚昆。除郅支单于自领的大军之外，还兼并了伊利目单于"兵五万余人"[⑥]。匈奴数万兵众以及裹胁或投降的中原兵士，长期占据坚

---

① 〔苏联〕A.Л.蒙盖特：《苏联考古学》第5章"早期铁器时代"，第137、149、150页。

② 《三国志》卷30《魏书·乌丸鲜卑东夷传》附鱼豢撰《魏略·西戎传》，第863页。

③ 〔苏联〕C. B. 吉谢列夫：《南西伯利亚古代史》（上册），第57页。

④ 考古发现证实，南西伯利亚的塔施提克文化有随葬面罩的习俗，其人种具有明显的蒙古利亚特征，黠戛斯人是塔施提克文化的继承者。〔苏联〕C. B. 吉谢列夫：《南西伯利亚古代史》（下册），第117页。

⑤ 《三国志》卷30《魏书·乌丸鲜卑东夷传》附鱼豢撰《魏略·西戎传》，第863页。

⑥ 《汉书》卷94下《匈奴传》，第3800页。

昆所在的叶尼塞河流域。其兵众之多，足以令康居仰仗。为此，康居王“使至坚昆通语郅支”邀其前往。虽然沿途遭到严寒、瘟疫，兵众大减，但仍有“三千人到康居”①。坚昆与匈奴的杂处,相互的融合当在所难免。人类学分析研究表明，古代匈奴人也是复合人种，部分属于蒙古人种的古西伯利亚类型。故此，也不失为黠戛斯人蒙古利亚人种的来源之一②。至汉末，汉、匈工匠还合力在坚昆（今俄罗斯阿巴坎地区）建造了一座中国式的宫殿，呼韩邪单于与王昭君的女儿须卜居次云与其夫婿须卜当，安居于此③。

继匈奴之后，鲜卑檀石槐“南抄缘边，北拒丁零，东却夫余，西击乌孙，尽据匈奴故地”④。其后，檀石槐分鲜卑部落大联盟为东、中、西三部。西部鲜卑大人所辖范围“从上谷以西至敦煌，西接乌孙为西部，二十余邑”⑤。此时,坚昆、丁零均当在西部鲜卑大人的统辖范围内。西部鲜卑人口混杂情况，正如史籍所言：“其种非一，有大胡，有丁令，或颇有羌杂处。”⑥三国时期，鲜卑、丁零等部偕同朝魏，相互接触较为频繁。史载：“鲜卑附义王轲比能率其种人及丁零大人儿禅诣幽州贡名马。”⑦各民族频繁的交流，难免发生民族融合现象。坚昆不仅与丁零，甚至与西部鲜卑也存在着通婚融合的历史可能性与必然性。

由于黠戛斯祖先地处遥远的叶尼塞河上游，与中原王朝的往来始于

---

① 《汉书》卷94下《匈奴传》，第3802页。

② 潘其风：《从颅骨资料看匈奴族的人种》，《中国考古学研究——夏鼐先生考古五十年纪念论文集》（二集），科学出版社，1986年；朱泓：《人种学上的匈奴、鲜卑与契丹》，《北方文物》1994年第2期；陈靓：《匈奴鲜卑与契丹的人种学考察》，吉林大学博士学位论文，2002年。

③ 周连宽：《苏联南西伯利亚所发现的中国式宫殿遗址》，《考古学报》1956年第4期。也有人认为是李陵统治坚昆的居处，并称之为“李陵宫”。但参考汉文文献记载，李陵因降匈奴而招致家族被诛，他的居处怎么可能出现“天子千秋万岁常乐未央”字样的瓦当？故此说难以成立。

④ （南朝宋）范晔撰，（唐）李贤等注：《后汉书》卷90《乌桓鲜卑列传》，中华书局，1965年，第2989页。

⑤ 《三国志》卷30《魏书·乌丸鲜卑东夷传》附鱼豢撰《魏略·西戎传》，第835页。

⑥ 《三国志》卷30《魏书·乌丸鲜卑东夷传》附鱼豢撰《魏略·西戎传》，第863页。

⑦ 《三国志》卷3《明帝纪》太和五年（370），第98页。

唐朝，故此，汉文文献对其族源的记载不甚明了，以至于史官误以为与突厥、铁勒同源或同族，更由于特定的历史原因，被演绎为汉代李陵的后裔。结合汉文文献的相关记载与考古发现，黠戛斯族源较为复杂，具有复合性。至于蒙古利亚人种特征，或与匈奴、丁零、鲜卑等民族的融合有关。总之，尚待进一步考证。

第三章　黠戛斯历史变迁

唐代黠戛斯，汉时古籍称作坚昆，但其并没有与汉朝发生联系。唐代，随着唐太宗经略漠北，后突厥汗国的逐渐衰亡，北方铁勒各部纷纷南下附唐。黠戛斯也随之入唐，开始与中原王朝建立联系。由此被中原史家所了解，其历史兴衰方得以载入汉文史册。

8 世纪初，形成黠戛斯汗国。与回鹘汗国“挐斗二十年不解”之后，逐渐发展强大。唐开成五年（840），终以击溃鄂尔浑河畔回鹘汗国的牙帐而告胜[①]。黠戛斯终结了突厥语族在蒙古高原的绝对统治，使室韦－达怛等原蒙古人得以向外蒙古高原西迁并逐渐发展，间接为蒙古民族共同体的形成提供了契机。

10—12 世纪，黠戛斯被辽列为属国之一，即“辖戛斯国王府”。13 世纪，其后裔乞儿吉思所居住的谦河之地，被成吉思汗的大蒙古国所征服。随后，乞儿吉思各部被逐渐离散，历经南下或西迁后，发展为今柯尔克孜族。他们聚居在今中国新疆的柯尔克孜自治州、黑龙江省富裕县柯尔克孜自治乡等地。此外，居于今中亚吉尔吉斯斯坦的吉尔吉斯族，当也属于唐代黠戛斯的后裔。

第一节　黠戛斯早期历史

唐代黠戛斯以坚昆之名，初见于两汉时期的汉文文献。由于未建立联系，史书记载语焉不详，大约于公元前 3 世纪，坚昆被匈奴冒顿单于所征服，隶属于匈奴的右地。匈奴分裂为南北两部后，北匈奴郅支单于西迁，曾以坚昆为都。南北朝时期，史籍仅见其族名，未载其具体史事。6 世纪，突厥兴起，黠戛斯被征服。7 世纪中，东突厥败亡，漠北铁勒各

---

① 《新唐书》卷 217 下《黠戛斯传》，第 6149 页。

部尊唐太宗为天可汗，坚昆也遣使者献方物，太宗以其地为坚昆都督府，拜其酋长俟利发为都督、左屯卫大将军，隶燕然都护府管辖。其后，又被薛延陀汗国征服。回鹘汗国崛起，黠戛斯与其争斗不断。唐乾元年间，回鹘磨延啜可汗出击坚昆，并阻断了其与唐往来的交通，坚昆中断了与唐的联系。

一、两汉时期的坚昆历史

据《史记·匈奴列传》记载，匈奴兴起后，冒顿单于“北服”坚昆，征服了黠戛斯祖先部落。从匈奴北征坚昆，可判断其地理方位大致在匈奴以北。班固《汉书·匈奴传》，言坚昆“东去单于庭七千里”“郅支留都之”。结合《史记》记载，可知其在匈奴西北。南朝陈寿撰《三国志》载坚昆“去匈奴单于庭安习水七千里”[①]。随着中原史家对坚昆的了解逐步深入，相关记载亦逐步详尽。南北朝时期，坚昆居地距离匈奴单于庭安习水七千里。按照匈奴统治以左右翼制划分，作为属部的坚昆当居于匈奴右地，受匈奴右贤王等右方王将的管辖。匈奴会定期向其属部征收赋税，属部亦有纳税之义务，赋税以畜产品、狩猎产品等实物为主。因此，坚昆当也有履行纳税等义务。

汉宣帝本始三年（前71）冬，单于亲自带领万骑人马西击乌孙，遇到大雪，匈奴人民畜产冻饿而死，生还的人不到十分之一。丁零、乌桓、乌孙合力围攻匈奴，致使“匈奴大虚弱，诸国羁属者皆瓦解”[②]。匈奴由此国力大减，羁属于匈奴的各部族相继脱离控制，坚昆或曾摆脱对匈奴的隶属。神爵二年（前60），匈奴虚闾权渠单于死，握衍朐提单于即立，单于权位争夺战最终以郅支单于占据漠北王庭，呼韩邪单于南下附汉而结束。汉厚待呼韩邪单于，略疏远郅支单于，导致北匈奴逐步放弃漠北，向右地发展。郅支单于北降乌揭、丁零，西破坚昆并“留都之”[③]。坚昆再度隶属于匈奴。郅支单于为都坚昆期间，数次攻击乌孙不下。康居王派

① 《汉书》卷94下《匈奴传》，第3800页；《三国志》卷30《魏书·乌丸鲜卑东夷传》附鱼豢撰《魏略·西戎传》，第858页。

② 《汉书》卷94上《匈奴传》，第3787页。

③ 《汉书》卷94下《匈奴传》，第3800页。

使者至坚昆，表示愿意与其合作共击乌孙。郅支单于遂西走康居。至此，匈奴对坚昆的控制，才得以再度缓和。但直至汉末，匈奴仍然占据着坚昆地区[①]。北匈奴败亡后，鲜卑兼并了漠北的匈奴十余万落，自此强盛起来。2世纪中叶，首领檀石槐被鲜卑各部推为“大人”，“南抄汉边，北距丁令，东却夫余，西击乌孙，尽据匈奴故地，东西万二千余里，南北七千余里，网罗山川、水泽、盐池甚广”[②]，建立包括慕容、拓跋等部落的军事大联盟，将所控地域分为东、中、西三部，西部大人统辖上谷以西至敦煌，西接乌孙的广大地区。鲜卑极盛时期的控制范围，很可能扩展到了坚昆之地。

二、魏晋南北朝至唐早期的坚昆历史

魏晋南北朝时期，坚昆被汉译作契骨，处于“阿辅水、剑水之间”[③]，即今叶尼塞河流域上游的阿巴坎河与克姆契克（Khemchik）河之间。克姆契克河河谷卡伊巴什岩壁铭文显示，这里是黠戛斯汗国的统治中心。唐初，坚昆可汗牙帐傍“剑河”（今叶尼塞河上游克姆契克河，古突厥文碑铭记作Käm/Kem），位于回鹘牙帐（今蒙古国鄂尔浑河）西北三千里，南有贪漫山（汉文又作牢山，突厥文碑铭记作曲漫山，今蒙古国西北与俄罗斯交界处的唐努乌拉尔山）[④]。唐文宗开成五年（840），击溃漠北回鹘汗国后，黠戛斯可汗的牙帐稍稍南移，但旋即又回归故地。另有小部分黠戛斯人则散居在天山南麓的高昌、焉耆一带。

6世纪，漠北蒙古高原活跃着突厥、薛延陀、回鹘等部。坚昆因为势力较弱，曾受到突厥、薛延陀的征服。突厥兴起后，木杆可汗遂“北

---

① 1940年夏天，苏联哈卡斯自治省阿巴干城南8千米处，发现了一处宫殿遗址。名曰“中国宫殿遗址”，是呼韩邪单于与王昭君的长女须卜居次云（又称伊墨居次云）夫妇在匈奴的居处。

② 《三国志》卷30《魏书·乌丸鲜卑东夷传》附鱼豢撰《魏略·西戎传》，第835页。《后汉书》卷90《乌桓鲜卑列传》的记载略有出入，“因南抄缘边，北拒丁零，东却夫余，西击乌孙，尽据匈奴故地，东西万四千余里，南北七千余里，网罗山川水泽盐池”。恕在此忽略考证，第2989页。

③ 《周书》卷50《异域下·突厥传》，第908页。

④ 《新唐书》卷217下《黠戛斯传》，第6147页。

并契骨”，契骨（黠戛斯）始被突厥征服[①]。贞观四年（630），唐太宗诏令漠北铁勒诸部，歼灭了东突厥汗国，突厥余众或走西域，或投靠薛延陀，或有近十万人归附了唐朝。另有残部推举突厥乙注车鼻为可汗，在金山（今阿尔泰山）之北住帐，“西葛逻禄，北结骨，皆并统之”[②]，结骨（黠戛斯）部落继续受突厥控制。唐贞观十二年（638），西突厥汗国又分为东、西两部，西突厥汗国的东部君主乙毗咄陆可汗向东北方扩张，将可汗牙帐建在镞曷山（今哈萨克斯坦共和国阿拉木图东北恰林河西），使“驳马、结骨诸国悉附臣之”[③]。随着西突厥东、西两部的不断争战，彼此的力量逐渐削弱，结骨等部落伺机脱离了西突厥乙毗咄陆可汗的统治。贞观二十三年（649），唐高宗彻底翦灭东突厥余部乙注车鼻可汗，坚昆才完全摆脱了对东突厥的附属地位。

东突厥汗国灭亡后，铁勒族属的薛延陀部日渐强大并建立了汗国。坚昆成为薛延陀汗国的属部之一，薛延陀派“颉利发一人监（其）国”[④]。在薛延陀颉利发的监管下，坚昆当属于贵族联盟时期，由讫悉辈、居沙波辈、阿米辈三位首领联合执政。唐贞观二十年（646），薛延陀入侵唐边。太宗命李绩率九姓铁勒二万骑至于天山，薛延陀惧，因而请降。唐朝与铁勒诸部联合灭掉了薛延陀汗国，漠北地区全部纳入唐朝统治范围，坚昆得以摆脱薛延陀的隶属。

唐太宗对漠北的经略，使坚昆得以与唐朝交往。唐太宗贞观初年，就派遣使者到漠北地区“宣慰”北方各族。贞观六年（632），偃师尉王义宏受命出使坚昆。贞观十七年（643），坚昆派使者入唐“贡貂裘及貂皮”[⑤]，坚昆始与唐朝往来。贞观二十二年（648）二月，坚昆酋长俟利发失钵屈阿栈随内服于唐朝的铁勒诸部入朝，拜见唐太宗。唐太宗召群臣设御宴款待坚昆酋长。在宴会上，俟利发失钵屈阿栈“奏愿得持笏”[⑥]“望

① 《周书》卷50《异域下·突厥传》，第909页。

② 《新唐书》卷215上《突厥传》，第6041页。

③ 《新唐书》卷215下《突厥传》，第6059页。

④ 《新唐书》卷217下《黠戛斯传》，第6149页。

⑤ 《太平寰宇记》卷199《四夷·北狄·黠戛斯》，此记载，不见于他载，第3820页。

⑥ 《新唐书》卷217下《黠戛斯传》，第6149页。

得国家官职”[1]，唐太宗对坚昆的归附甚感欣喜。于是，以其地为坚昆都督府，拜坚昆俟利发为唐朝的左屯卫大将军，兼领坚昆都督府都督一职，隶属于燕然都护府统领。

第二节 黠戛斯汗国的兴亡

唐永淳元年（682），东突厥汗族后裔骨咄禄建立了后突厥汗国。8世纪初，后突厥汗国始用文字并镌刻碑铭，碑文称黠戛斯君主为可汗。碑文反映出由于黠戛斯日益强大，被后突厥汗国视为北方强敌，双方产生了直接的对抗。为了反击后突厥汗国对漠北的统治，黠戛斯除了联合属部共同作战以外，还参与了唐朝对后突厥汗国的联合军事行动。天宝三载（744），漠北回鹘继突厥之后，成为蒙古高原的霸主。回鹘将黠戛斯当作唯一能与之争雄的北方劲敌，进而出兵黠戛斯使其遭到重创。开成五年，黠戛斯终结了漠北回鹘汗国的统治。与此同时，黠戛斯汗国与唐朝及以后历朝，以及中亚各国，也有了一定的物质交流与往来。据中亚文献记载，10世纪的黠戛斯仍以汗国的形式存在，并仍然处于北方强族之列，此间也不乏与辽王朝的联系。直至13世纪，大蒙古国兴起，成吉思汗两次出兵乞尔吉思，致其统治消亡，部众逐渐离散。

一、黠戛斯汗国的形成与发展

黠戛斯汗国，形成于8世纪初。唐玄宗开元六年（718），唐玄宗号令漠北诸部合力剿灭后突厥汗国，坚昆都督骨笃禄毗伽可汗率军参战。开成五年，黠戛斯击溃漠北回鹘汗国，其发展达到鼎盛。

（一）黠戛斯汗国的形成

唐太宗贞观二十二年（648），黠戛斯已然是漠北强族，其酋长俟利发失钵屈阿栈首次入朝，受唐封为坚昆都督府都督。继太宗朝后，高宗朝，再次入唐。唐中宗景龙年间，又遣使献方物。尤其在玄宗朝，黠戛斯使者四次朝见唐朝皇帝。8世纪初左右，黠戛斯与唐朝保持着频繁的

---

① 《太平寰宇记》卷199《四夷・北狄・黠戛斯》，第3820页。

往来。唐玄宗号令北方各部从征、讨伐突厥之际，黠戛斯也在应召之列。黠戛斯最强盛时，诸部都争相与之结好。突厥与其和亲，吐蕃、回鹘也加以拉拢并授予官号，黠戛斯国势之强令漠北诸部感到忌惮。

8世纪，鄂尔浑古突厥文碑铭中显示黠戛斯是其北方强敌，并称黠戛斯首领为可汗（qaɣan），如：

《暾欲谷碑》第一石碑东面第3行："强大的黠戛斯可汗是我们的敌人。"

《阙特勤碑》东面第34、35行："当阙特勤二十六岁时，我们出征黠戛斯""我们与其可汗战于sunga山。"

《毗伽可汗碑》东面第26、27行："当我二十七岁时，我出兵征黠戛斯人""我与其可汗战于songa山。我杀其可汗，在那里取得其国家。"

《阙特勤碑》东面第20行："他原为虎官（bars bäg），我们在这里给予了可汗（qaɣan）称号，并把我妹公主嫁给了他。"[①]

可见，最晚至8世纪初，黠戛斯汗国已经形成。检索汉文史籍与古突厥文碑铭，大略可知黠戛斯汗国形成与发展的脉络。唐景龙二年（708），突厥默啜可汗获悉黠戛斯与突骑施（Tukhs）有与唐朝合作打击后突厥的意愿，就先发制人对黠戛斯发动了征讨[②]。黠戛斯拔塞匐可汗（bars bäg虎汗）联合唐朝并带领属部反抗后突厥汗国的统治，反被后突厥汗国默啜可汗率军突然袭击，成为后突厥默啜可汗墓前列于首位的杀人石[③]。景云元年（710）五月，唐中宗颁发《命吕休璟等北伐制》，要求突骑施和黠戛斯与唐军一起合击后突厥，制曰："坚昆在右，犄角而东，并累献封章，请屠巢穴。"[④]继此前遭到后突厥汗国重创后，黠戛斯继任可

---

① 耿世民：《古代突厥文碑铭研究》，第99、126、128、130页。

② 耿世民：《古代突厥文碑铭研究》，《暾欲谷碑》第一碑东19—21行、北27、28行，第99、101页。

③ 杀人石，突厥语为"balbal"，是古代突厥的一种葬俗。如《阙特勤碑》东面16行，上刻"为纪念我父可汗，首先把巴兹（baz）可汗立作杀人石（balbal）"。这里所指的杀人石就是指杀死敌人后把敌人的肖像雕成石人，立于战胜者的墓前。汉文史料也有记载，突厥人"葬讫，于墓所立石建标。其石多少，依平生所杀人数"。见《周书》卷50《异域下·突厥传》，第910页。

④ 《唐大诏令集》卷130《蕃夷·讨伐·命吕休璟等北伐制》，第705页。

汗响应唐中宗诏令，准备与唐朝、突骑施联合作战，表明黠戛斯仍有一定的实力与突厥抗衡。唐景云二年（711）冬，后突厥听闻黠戛斯与唐准备合兵夹击的信息时，再次攻击了黠戛斯。《阙特勤碑》东第35行，当阙特勤二十六岁时："我们出征黠戛斯。从和矛一样深的雪中开道，越过曲漫山，我们袭击黠戛斯人于睡梦中。我们与其可汗战于sunga山。"该碑东第36行："我们杀死了黠戛斯的可汗，取得了他的国家。"① 黠戛斯多次遭到突厥的打击，后败于突厥，继任可汗又遭罹难。击败黠戛斯后，后突厥乘胜又发动了对突骑施的打击，唐朝联合打击后突厥的计划最终并未实施。

开元六年（718），唐玄宗向漠北铁勒各部颁发《征突厥制》的诏令，召集漠北诸部联合围攻后突厥汗国，坚昆都督、右武卫大将军骨笃禄毗伽可汗，作为漠北各部参战的将帅，率领黠戛斯军队准备参战。唐玄宗对骨笃禄毗伽可汗及其率领的黠戛斯军队给予了厚望，盛赞其军队"弧矢之利，所向无前"②。此时，虽然黠戛斯经历过后突厥汗国的多次打击，但仍有实力参与唐玄宗发起的联合打击后突厥的行动。天宝三载（744），在唐朝与回鹘、黠戛斯等漠北各部的联合打击下，后突厥汗国（682—744）灭亡。随即，回鹘首领骨力裴罗自立为可汗，建立漠北回鹘汗国。回鹘第二代可汗磨延啜时（749—759），黠戛斯与其属部鞠（Čik）人结成了反抗回鹘的联盟③。天宝九载（750），为了防御黠戛斯的打击，回鹘建造了15处城址和堡垒。最大的城堡是位于查丹河流域（River Chadan）的巴金阿拉克（Bajyn-Alak，18.2公顷），其次是在巴尔拉尔克河流域（River Barlyk）的埃尔德格－克吉格（Eldeg-kejig，12.5公顷），这些城堡建在克姆契克河谷，呈弧形分布在凸起的地方，正对着沙延山（Sayan Mountains）。城址相互联结构成一道防线，以防备与其长期较量的北方近邻黠戛斯人的进攻④。从萨彦岭南麓向叶尼塞和克姆契克河流域，回鹘人用长方形砖坯建造的城堡一个接着一个，连成一条长达230千米的黏

① 耿世民：《古代突厥文碑铭研究》，《阙特勤碑》东35、36行，第130、131页。

② 《全唐文》卷21《元宗（二）·征突厥制》，第252页。

③ 耿世民：《古代突厥文碑铭研究》，《磨延啜碑》北19、22—24行，第198、199页。

④ 〔日〕林俊雄、白石典之、松田孝一：《バイバリク遗迹》，《モンゴル国现存遺蹟·碑文調查研究報告》，中央ユーラシア学研究会，1999年，第196—198页。

土墙，铸成了回鹘汗国的北部边界线[①]。黠戛斯骨笃禄毗伽可汗时期，黠戛斯对回鹘造成了一定的威胁。回鹘磨延啜可汗曾出兵进攻了黠戛斯，并上奏唐朝，称回鹘已“破坚昆（黠戛斯）”[②]。此战，黠戛斯遭遇了近乎毁灭性的打击，被迫中断了与唐的联系。8世纪末，遭到回鹘沉重打击的黠戛斯，才逐步得以恢复国力。漠北回鹘《九姓回鹘可汗碑》载，及至回鹘怀信可汗在位之际（795—805），鉴于“北方坚昆之国，控弦卅余万”而发动了袭击，获得的战利品“牛马谷量，仗械山积”[③]。从回鹘人描述战场的画面，反映出被回鹘视为强敌的黠戛斯的确拥有雄厚的国力。在与突厥、回鹘的对抗中逐渐强大，这也是其汗国形成与发展的外部动力。

黠戛斯强盛时期的影响远至中亚，因而充当了东西贸易的守卫者，史载“（黠戛斯）常与大食、吐蕃、葛禄相依杖，吐蕃之往来者畏回鹘剽钞，必住葛禄，以待黠戛斯护送。大食有重锦，其载二十橐它（骆驼）乃胜，既不可兼负，故裁为二十匹，每三岁一饷黠戛斯”[④]。由于回鹘阻断东西交通，并时有劫掠来往于中亚大食、葛逻禄[⑤]、西藏高原吐蕃之间的商队。因此，各方凡有商队往来，都借助于黠戛斯的保护才能得以顺利交易。故此，大食每三年回馈一次黠戛斯。此外，黠戛斯可汗还与突骑施汗国和亲，双方互有使者往来。在原黠戛斯故地的今叶尼塞图瓦地区发现了《图瓦Ⅲ号碑》（叶尼塞37号碑），其铭文显示墓主是一位名为艾孜盖乃的突骑施伯克，来自突骑施的卡拉汗（皇宫）[⑥]。突骑施的伯克长眠于黠戛斯，可见二者的关系非同寻常。

黠戛斯的强大令南方的回鹘怀信可汗再度感到了威胁，于是发动了对黠戛斯的攻击。双方交战中“坚昆可汗，应弦殂落”[⑦]。黠戛斯可汗不幸战亡以及主力被重创，致使国势大衰。回鹘授黠戛斯继位君主阿热为

---

① 耿世民：《古代突厥文碑铭研究》，《磨延啜碑》北20、21行，第199页。

② 《新唐书》卷217下《黠戛斯传》，第6147页。

③ 林幹：《突厥与回纥史》，《九姓回鹘可汗碑》11、12行，内蒙古人民出版社，2007年，第440页。

④ 《新唐书》卷217下《黠戛斯传》，第6149页。

⑤ 原居阿尔泰山南部，即新疆北部的草原，8世纪中叶迁徙至锡尔河流域、七河流域、伊犁河河谷与费尔干纳盆地。

⑥ 胡振华：《柯尔克孜语言文化研究》，第208页。

⑦ 林幹：《突厥与回纥史》，《九姓回鹘毗伽可汗碑》12行，第440页。

“毗伽顿颉斤”[1]，以示黠戛斯对回鹘的隶属。为了抗衡回鹘并壮大自己的实力，阿热与葛逻禄叶护联姻。唐宪宗元和十五年（820）左右，随着回鹘的日渐衰弱，黠戛斯也恢复了汗国的国力，阿热始自称为可汗，成为黠戛斯汗国的复国之君。黠戛斯阿热称汗后，可汗的牙帐号曰“密的支”（位于今叶尼塞河上游的克姆契克河畔）[2]。距鄂尔浑河畔的回鹘牙帐，橐它要行走40日。回鹘派遣宰相率军攻伐黠戛斯，但并没有取胜。其后，双方又僵持了20多年，难分胜负。唐开成五年立于回鹘故地的《苏吉碑》记载，“父亲药罗葛汗来到回鹘土地上，我是黠戛斯之子，我是幸福而安宁的裴罗”[3]，见证了黠戛斯终于击溃了漠北回鹘汗国的历史。

（二）黠戛斯汗国的发展

黠戛斯汗国的发展，比较明显地反映在军队规模的增大、属部的增加和疆域的逐渐扩展等方面。

隋唐时期，《通典·边防·结骨》条记载，结骨有“胜兵八万”。《新唐书·黠戛斯传》记载，唐初，黠戛斯有“众数十万，胜兵八万”。《九姓回鹘可汗碑》载，8世纪初，黠戛斯拥有三十万大军。黠戛斯与回鹘对抗时期，军队人数又有增加，黠戛斯军队的实际人数当不会少于三十万。唐开成五年（840），黠戛斯击溃漠北回鹘后，军队数量最多时达到了四十万。直至晚唐时期，黠戛斯仍然拥有很强的军事力量。唐昭宗大顺元年（890），黠戛斯与赫连铎、吐蕃等合兵达十万人，助唐平定了沙陀李克用之乱。

黠戛斯出兵作战，除了自身的正规军还应有从征的属部。史载“征发则百姓及诸蕃部落役属者尽行”[4]。凡有军事调兵，黠戛斯所役属的诸部都要随行作战。随着黠戛斯汗国的日益强大，其征服的属部也在增多，逐渐形成了以黠戛斯汗国为核心的军事联盟。黠戛斯最初的属部只有都播、弥列哥、饿支的号称“木马三突厥”的三部。至唐玄宗朝，黠戛斯

---

① 《新唐书》卷217下《黠戛斯传》，第6149页。颉斤，突厥语irkin的音译，突厥部落首领之称。

② 《新唐书》卷217下《黠戛斯传》，第6148页。

③ 胡振华：《柯尔克孜语言文化研究》，第226页。药罗葛汗即阿热可汗，又译为“亚格拉卡尔”，裴罗骨咄禄亚尔汗。

④ 《太平寰宇记》卷199《四夷·北狄·黠戛斯》，第3823页。

始有“九姓坚昆”之称[①]。考北方民族以“九”为个位之最大数，8世纪的突厥文碑铭也常提到“九姓乌古斯”，故而“九姓坚昆”之说暗示黠戛斯又拥有了众多的属部[②]。9世纪，在打击漠北回鹘汗国的过程中，黠戛斯还联合了其他北方民族，出现了“坚昆等五族”之说，即黠戛斯、鞑靼、契丹、奚、室韦五部[③]。由此可知，黠戛斯联盟的成员，不仅是其周邻各部，还有蒙古高原南部、东南部的其他各部。

文献史料之外，碑铭、铭文崖刻等记载，也反映出黠戛斯属部以及联盟的情况。在今南西伯利亚克姆契克河的卡伊巴什河口，刻画着叶尼塞古突厥文碑铭，刻文中出现了“克施季姆六族”[④]。黠戛斯可汗封“克施季姆六族”的领主为都督匐，作为汗国的属部之一，将此事刻于崖上以示纪念。鄂尔浑古突厥碑文也记载，为了对抗突厥、回鹘，黠戛斯联盟还包括剑河的近邻鞠部以及葛逻禄、突骑施等部[⑤]。

随着黠戛斯汗国的发展，汗国的疆域也随之发生了变化。开成五年（840），黠戛斯为了打击漠北回鹘汗国，军队挺进蒙古高原腹地，终结了回鹘在鄂尔浑河地区的统治。其后，为了全歼回鹘余众以及提高黠戛斯在中亚的影响，黠戛斯阿热将牙帐南迁到牢山（今蒙古国西北与俄罗斯交界处的唐努乌拉尔山），此前骑马到回鹘旧牙帐需40日，如今缩短为15日。随着追击回鹘残众西进，黠戛斯还短暂占领过安西、北庭。考古发现也证实，至少在10世纪80年代前，黠戛斯控制了阿尔泰山（金山）地区及额尔齐斯河上游。出土文物显示，阿尔泰人的鎏金技术工艺与线刻技法“与7—10世纪叶尼塞黠戛斯工匠所制饰物的线刻完全相同”[⑥]。据此，考古学家认为这种完全相同的精细工艺，无疑是得自黠戛斯人的真传。在阿尔泰卡通河畔的斯罗斯特基村（不会早于9世纪中叶），还发现了唐武宗时期的钱币。该地发现的铃铛形凸起饰牌、马绺饰牌，与米努辛斯克盆地东部的秋赫加塔村附近9世纪窖藏中出土的饰牌几乎完全相

---

① 《唐会要》卷66《鸿胪寺》，第1151页。

② 李树辉：《突厥语数词toquz文化附加义探析》，《语言与翻译》1998年第4期。

③ 《会昌一品集》卷5《赐回鹘嗢没斯特勤等诏书》，第31页。

④ 〔苏联〕C. B. 吉谢列夫：《南西伯利亚古代史》（下册），第141页。

⑤ 耿世民：《古代突厥文碑铭研究》，《暾欲谷碑》东19行，第99页。

⑥ 〔苏联〕C. B. 吉谢列夫：《南西伯利亚古代史》（下册），第101页。

同[①]。阿尔泰斯罗斯特基的绺饰与黠戛斯风格和形制的相似也绝非巧合，当属黠戛斯称雄时代萨彦－阿尔泰文化一致性的反映[②]。9—10世纪，阿尔泰与黠戛斯具有相似的文化共性，只能说明阿尔泰对黠戛斯的政治隶属情况。按照吉谢列夫的说法："在叶尼塞黠戛斯兴起的时期（9世纪），他们（阿尔泰）从属于黠戛斯可汗的政权。"[③]10世纪末左右，黠戛斯的遗迹很明显地减少了，相反，此间在稍北的克姆契克河下游，黠戛斯的墓葬遗迹却比较集中[④]。这种非常明显的分布变化反映了黠戛斯人逐步回归叶尼塞的过程。

黠戛斯南下西征时疆域达到了最广。东北至骨利干（处于瀚海，即今贝加尔湖北），南近吐蕃，西南近葛逻禄[⑤]。西征中，黠戛斯人曾占据素叶城（碎叶城，是唐朝在西域设的重镇，位于今中亚吉尔吉斯斯坦首都比什凯克以东，楚河流域的托克马克市附近）与怛逻斯（今哈萨克斯坦南部江布尔附近）之间的地区。在追剿回鹘残众的过程中，黠戛斯西征、南下所过之地，都没有长久占领并予以统治[⑥]。

黠戛斯汗国时期，东部疆域到达贝加尔湖以东的东西伯利亚东南部，并延至石勒喀河与额尔古纳河汇合处黑龙江（俄语译为阿穆尔河）的北源，直至其中游地区。隋唐时期，额尔古纳河已是室韦部分部落的驻地。考古学家在外贝加尔地区，还发现了"黠戛斯瓶"类型的遗址。遗址所反映的丧葬习俗，与叶尼塞黠戛斯相近。武器装备、陶器的形制、马鞍的装饰、金属冶炼技术等方面，也体现出一定的相似性[⑦]。10世纪的外贝加尔地区，黠戛斯或也曾触及。

---

① 〔苏联〕C. B. 吉谢列夫：《南西伯利亚古代史》（下册），第113页。

② 〔苏联〕C. B. 吉谢列夫：《南西伯利亚古代史》（下册），第115页。

③ 〔苏联〕C. B. 吉谢列夫：《南西伯利亚古代史》（下册），第110页。

④ 巴哈提·依加汉：《9世纪中叶以后黠戛斯的南下活动》，《西域研究》1991年第3期。

⑤ 巴哈提·依加汉：《9世纪中叶以后黠戛斯的南下活动》，《西域研究》1991年第3期。

⑥ 贾丛江：《黠戛斯南下和北归考辨》，《西域研究》2000年第4期。

⑦ 〔俄〕Ю.С. 胡佳科夫著：《论中世纪时代外贝加尔与南西伯利亚的文化联系》，王清民译，《北方文物》1996年第1期；〔俄〕E.B. 科维切夫著：《东外贝加尔的中世纪焚尸葬墓及其民族文化的阐释》，邱立英译，《北方文物》1996年第1期。

二、黠戛斯的衰亡与流向

黠戛斯击溃漠北回鹘汗国后，并没有集中力量经营漠北，而是投入全力用于剿灭回鹘残众。对回鹘余众的追剿，使黠戛斯的强盛之势逐渐转化为强弩之末，并就此走向衰落。南下、西征时，分兵进击导致兵力与财力、物力的不足，国力随之逐渐减弱。虽然短暂占据了天山、金山及七河流域（因周边有七条河流入巴尔喀什湖而名，泛指以中亚巴尔喀什湖、伊塞克湖及楚河为中心的周边地区）的部分地区，但都没有建立稳定长期的统治秩序。回鹘与其他各部的重振与反击，使黠戛斯受到了多重打击。唐咸通七年（866）左右，黠戛斯不得不退出天山地区。黠戛斯从金山（阿尔泰山）地区向北回归这一事件，目前为止，并没有相关的文字史料记载。但从萨彦岭外黠戛斯的考古遗址可见黠戛斯逐渐北移的历史痕迹[①]。10世纪末左右，昔日国势强大的黠戛斯逐渐退出了天山、金山地区，回归了故地叶尼塞河上游地区。

（一）黠戛斯对回鹘余众的追剿

9世纪中期前，突厥语族的突厥、回鹘统治蒙古高原时期，不仅控制了高原西部的广大地区，还将统治范围逐渐扩展到蒙古高原的东部，如对契丹、室韦—达怛的统治。9世纪中期，也是黠戛斯人的强盛时期，其进军蒙古高原并摧毁了漠北回鹘的汗庭。黠戛斯对回鹘的打击，完全颠覆了突厥语族各部对蒙古高原的统治。突厥语族在蒙古高原的霸主地位不复存在，这也使高原处于政治真空状态。

从黠戛斯大军挺进天山的策略来看，黠戛斯将战略重点放在回鹘西迁的西域地区，其目的在于力图早日剪除回鹘残余，因而并没有全力经略蒙古高原[②]。黠戛斯初衷是终结回鹘在鄂尔浑河的统治，却并没有占据

---

① 〔俄〕Г. В. 德鲁日涅夫斯卡：《萨彦岭之外的叶尼塞黠戛斯遗址》，《北亚考古》，新西伯利亚，1982；〔俄〕Д. Г. 萨维诺夫：《古突厥时期的南西伯利亚民族》，列宁格勒大学，1984；〔俄〕Л. А. 叶夫秋霍娃：《叶尼塞黠戛斯的考古学遗迹》，阿巴干，1984年；巴哈提·依加汉：《9世纪中叶以后黠戛斯的南下活动》，《西域研究》1991年第3期。

② 贾丛江：《回鹘西迁诸事考》，《西域研究》2001年第4期。

该地区的打算。为了扩大汗国的影响并利于对回鹘的进攻，黠戛斯阿热可汗将牙帐暂时南迁到今蒙古国西北与俄罗斯交界处的唐努乌拉尔山。迄今为止，蒙古高原仅发现一通属于黠戛斯的古突厥鲁尼文碑，即《苏吉碑》，该碑立于黠戛斯击溃回鹘之初。由此可见，黠戛斯对蒙古高原的统治仅仅是击溃了漠北回鹘汗国的牙帐，追其余众南下、西迁而已。因此，至今在漠北鄂尔浑地区，并没有发现任何属于黠戛斯人的生活遗存，也没有发现黠戛斯人长途迁徙回鹘故地的任何迹象，因为他们始终也没有离开过故地。俄罗斯与苏联的考古学家对黠戛斯墓葬的甄别，在于其“墓葬有长方形或六边形石板做成的盖板，用插在地上的石头组成圆形的围墙。墓坑用原木砌壁面，在火化后将骨灰埋入墓坑。在墓坑中发现了偶像、陶器、动物骨骼、武器、器具和装饰品”[①]。但在今蒙古境内的考古发现证实，没有发现形制相近的黠戛斯墓葬。

黠戛斯西征与南下追击回鹘残众，耗费了大量的军力、物力。首先，因为回鹘余众是向不同的方向迁徙，所以兵力要分别追击，势必会弱化战斗力。其次，回鹘早已控制东部天山北麓和塔里木西北部的政治格局。回鹘自保义可汗时期（808—821）就全力经略西域，控制东部天山南北和纳林河谷、费尔干纳谷地一带。正由于回鹘早年在天山东部地区的经营，从漠北来到此地的回鹘人迅速站稳脚跟，并集结了力量发起反攻。黠戛斯虽集中兵力西征，也注定难以取胜。因此，黠戛斯的西征并没有达到预期目的。会昌二年（842）至咸通六年（865），黠戛斯追击西迁的回鹘部落，效果不佳，反而控制的安西、北庭地区，不久也被回鹘仆固俊夺回。黠戛斯的军力、物力消耗，也使其国力大减，故已无力再战。

（二）回归叶尼塞故地

10世纪末，黠戛斯回归叶尼塞河流域，除了自身渐呈弱势之外，与金山地区各个民族的发展，原属于黠戛斯的拔悉密部迅速崛起，契丹也强势西进等多种因素有关。

唐代拔悉密居于金山南北，是回鹘外九姓之一。11世纪，麻赫默

① 〔蒙〕D. 策温道尔吉、D. 巴雅尔、Ya. 策仁达格娃等著，D. 莫洛尔俄译，潘玲、何雨蒙、萨仁毕力格译，杨建华校：《蒙古考古》第12章“黠戛斯的考古遗存”，上海古籍出版社，2019年，第178页。

德·喀什噶里撰写的《突厥语大词典》有"拔悉密突厥的一个部落"的记载。在《辽史》中，拔悉密以"拔思母部"之名，与黠戛斯等部并列于辽的属国之列[①]。由于拔悉密在金山地区兴起并逐渐发展强大，不仅摆脱了对黠戛斯的隶属，甚至对黠戛斯产生了直接的威胁，迫使其不得不退回叶尼塞故地。

虽然黠戛斯渐呈弱势，也回归了故地，但仍不乏见于相关文献记载。10世纪时，波斯文地理名著《世界境域志》称之为黠戛斯国，黠戛斯国王仍称为黠戛斯可汗[②]。回鹘人僧古萨利（Šinqu Šäli，又称胜光法师）将汉文《大慈恩寺三藏法师传》（简称《玄奘传》）译成回鹘文。《玄奘传》的汉文原文"北穷玄塞，雕蹄鼻饮之俗"一句，回鹘文翻译成"在南方经略了吐蕃之地，在北方征讨了黠戛斯"。另外，"单于弓骑之人俱充臣妾"一句，回鹘文译作"qïrqïz: y-a mingülük kiši-lär"。"单于"一词译成了"qïrqïz"（黠戛斯）[③]。可见晚唐之际，吐蕃和黠戛斯是位于回鹘南、北的两个强大的民族。所以，回鹘译者才将黠戛斯视为北方民族的代表，从而用黠戛斯来泛指北方的强大民族。

11世纪中期，从域外文献的零散记载仍可觅见黠戛斯的历史踪迹。如波斯人加尔迪齐的著作《记述的装饰》，提到突厥诸族的地理和部落起源及风俗习惯等内容时，论及黠戛斯[④]。11世纪下半叶，麻赫默德·喀什噶里所撰《突厥语大词典》载，黠戛斯（kïrkïz）是突厥部落之一，分布在秦（契丹，hïtay）的附近[⑤]。11世纪时，黠戛斯早已完成了突厥化，因与契丹有一定的联系，所以才用与"契丹"的距离来表述黠戛斯。

（三）隶属于辽的"辖戛斯国王府"

契丹—辽兴起后，从蒙古高原向西发展，拥有广阔的疆域。北方各

---

① 《辽史》卷46《百官志二·北面属国官》，第758、763页。

② 〔波斯〕胡杜德·阿勒·阿拉姆著，王治来、周锡娟译：《世界境域志》第14章"关于黠戛斯国"，新疆社会科学院中亚研究所，1983年，第66页。

③ 雅森·吾守尔：《古代汉文文献中"匈奴"等名称的回鹘语译名》，《民族语文》2006年第1期。

④ 〔苏联〕瓦·弗·巴托尔德著：《加尔迪齐著〈记述的装饰〉摘要》，王小甫译，陈继周校，《西北史地》1983第4期。

⑤ 麻赫默德·喀什噶里著，校仲彝等译：《突厥语大词典》（第1卷），第31页。

部纷纷附属，昔日的黠戛斯汗国也被冠以“辖戛斯国王府”之名，位列于辽诸国之列的北面属国官，见载于《辽史·百官志二·北面属国官》[①]。辖戛斯国王府的出现，是辖戛斯国势已今非昔比的表现。

史载辖戛斯与辽有贡使往来，黠戛斯先后三次遣使入辽。辽太宗耶律德光天显六年（931）、穆宗应历二年（952）、景宗保宁八年（976）等时期，均有辖戛斯国遣使来朝[②]。同时，辽也曾遣使辖戛斯。辽世宗天禄二年（948），辽将盆都因参与谋反，被处“罚使绝域”的刑罚。辖戛斯国王府当属于辽的“绝域之地”，因此，盆都作为戴罪的辽使出使辖戛斯国[③]。由于史料缺载，尚无法证实盆都具体出使与否。

10世纪期间，叶尼塞碑铭中阿巴坎阿苏拉第26号碑的墓主是一位拥有“于越（Ögä）”尊号的黠戛斯人[④]。考辽代契丹的于越官号源自突厥，属于尊号。辽代也有于越之官，也有对他族首领授予“于越”的记载[⑤]。作为附属于辽朝的辖戛斯国王府的君主获得辽朝“于越”名号，当也不无可能[⑥]。图瓦第45号碑《克孜利克—霍布碑》的主人“在30岁时成了于越（Ögä）”[⑦]。或许与辽朝一样，辖戛斯人拥有的“于越”官号也可能是袭自突厥。因此，该官号是否是契丹人的授予，尚需考证。

太平兴国六年（981），宋朝王延德出使高昌回鹘，撰有《王延德使高昌记》。其中列有西州高昌回鹘统有的各部，包括西突厥、东突厥、样磨、割禄（葛逻禄）、黠戛司（斯）等部[⑧]。此“黠戛司”或指散居在西州

---

① 《辽史》卷46《百官志二·北面属国官》，第758页。

② 《辽史》卷70《属国表》，分别载于第1129、1135、1137页其中，天显六年（931），保宁八年（976），辖戛斯来使之事，分别在辽太宗与景宗本纪有载。《辽史》卷3《太宗本纪》，第32页；《辽史》卷8《景宗本纪》，第96页。

③ 《辽史》卷5《世宗本纪》，第64页。辽刑法中，对罪不至死的有罪之人，会施以“罚使绝域”的“流刑”，《辽史》卷61《刑法志上》，第936页。

④ 〔法〕路易·巴赞著，耿昇译：《突厥历法研究》，第147页。

⑤ 《辽史》卷4《太宗本纪》，第49页。如辽会同四年（941）三月，辽太宗耶律德光特授回鹘使阔里为于越。辽景宗保宁三年（971），“胪朐河于越延尼里等率户四百五十来附”，《辽史》卷8《景宗本纪》，第92页。

⑥ 《辽史》卷46《百官志二·北面属国官》，第758页。

⑦ 〔法〕路易·巴赞著，耿昇译：《突厥历法研究》，第141页。

⑧ 〔元〕脱脱等：《宋史》卷490《高昌传·王延德使高昌记》，中华书局，1977年，第14112页。

回鹘北边的某些黠戛斯部众，当时处于高昌回鹘王国统治之下。9 世纪后期，因征讨回鹘余众而西征，有些黠戛斯部众留居或陆续迁徙于此。因而才有王延德所见西迁回鹘高昌领地内的黠戛斯余众。成文于 930 年前后敦煌文书标号 S6551 的一篇讲经文，述及西州回鹘强盛时，也有“拔悉密则元是家生，黠戛斯则本来奴婢”的说法[①]。

12 世纪，辽朝衰亡之际，耶律大石自立并率部西迁，《世界征服者史》载“他们抵达吉利吉思（黠戛斯）国，向该地区的部落发动进攻，后者也反过来袭扰契丹人”[②]。拉施特《史集》亦载，1128—1129 年，“当女真王出兵攻打哈剌契丹，将他灭掉时，哈剌契丹的一个有势力的异密大石太傅从那里逃到了乞儿吉思（黠戛斯）”[③]。辽延庆三年即西辽康国元年（1134），耶律大石建立西辽，定都巴拉沙衮之后，为了报复吉利吉思人，派出一支军队到吉利吉思人的国土，以报他在他们手中受辱之仇[④]。其后，文献仍有吉利吉思与西辽的东北部接壤的记载，证明吉利吉思人最终没有被耶律大石征服[⑤]。

黠戛斯迁往天山地区的某些部落，也见于金人的记载。金天会四年（1126），金朝大将粘罕的属国兵卒中杂有黠戛斯人[⑥]。金兴定四年（1220），金朝遣乌古孙仲端北使大蒙古国，谒见太师木华黎。乌古孙仲端一路西北行，经过“磨里奚、磨可里、纥里讫斯、乃蛮、航里、瑰古、途马、合鲁”等部，到达益离城[⑦]。其中，两次出现了与乃蛮并列的“纥

---

① 张广达、荣新江：《有关西州回鹘的一篇敦煌汉文文献——S6551 讲经文的历史学研究》，《北京大学学报》（哲学社会科学版）1989 年第 2 期。在此并不排除高昌回鹘在列举自己的属部时，有夸大之嫌。

② 〔伊朗〕志费尼著，何高济译，翁独健校订：《世界征服者史》（上册），第 417 页。

③ 〔波斯〕拉施特著，余大钧、周建奇译：《史集》，第 1 卷第 2 分册，78、79 页；〔波斯〕拉施特著，余大钧、周建奇译：《史集》第 1 卷第 2 分册《成吉思汗纪》，第 109 页。

④ 〔伊朗〕志费尼著，何高济译，翁独健校订：《世界征服者史》，第 418 页。

⑤ 魏良弢：《西辽史研究》，宁夏人民出版社，1987 年，第 121、130 页。

⑥ （宋）徐梦莘：《三朝北盟会编（附索引）》卷 99《靖康中帙 74》，上海古籍出版社，2008 年，第 738 页。

⑦ （金）刘祁撰，崔文印点校：《归潜志》卷 13《北使记》，中华书局，1983 年，第 167 页。

里迄斯”（黠戛斯的异写）的名称。这些黠戛斯人，当有一部分是西征回鹘时留居于此的，当然也不排除陆续迁徙而来的可能性。

（四）大蒙古国对乞儿吉思的征服

12 世纪，渐呈弱势的乞儿吉思，历经西辽、乃蛮的数次攻击。乞儿吉思曾经阻止耶律大石，并因此遭到西辽的报复，也遭到乃蛮部的重创。但乞儿吉思并没有受到毁灭性的打击。直至 13 世纪初，成吉思汗派人去攻打乞儿吉思，其最终被成吉思汗大蒙古国的军队彻底击溃。

大蒙古国及元代，将黠戛斯族名汉译作乞儿吉思或吉利吉思，其仍然居住在克姆契克河、阿巴坎河至叶尼塞河上游一带。疆域“境长一千四百里，广半之”[①]。波斯人拉施特撰写的《史集》，也将黠戛斯称为“乞儿吉思（qirqiz）”。由乞儿吉思（今鄂毕河上游至叶尼塞河之间）和谦谦州（今唐努岭以北至叶尼塞河上游之间）两个地区构成[②]，并由两个君主分别治理。乞儿吉思君主尊号为亦纳勒（aināl），显贵姓氏为也迪（yidi）。谦谦州的君主为兀鲁思—亦纳勒（aūrs aināl）[③]，显贵为也迪—斡伦（yidi_aūrūn）。

8 世纪中叶，黠戛斯就与乃蛮部为邻，但双方的关系并不稳定。大蒙古国建立前，乞儿吉思与乃蛮、克烈相邻，谦谦州与乃蛮诸部和唐努岭相接。乃蛮部的疆域达到阿尔泰山东西两山麓——额尔齐斯河流域。乞儿吉思在也儿的石河北岸与乃蛮为邻[④]，唐努岭沿着乃蛮边境一直延伸到蒙古地区，与王汗相邻。乃蛮的两个君主曾联合击溃了乞儿吉思，旋即乃蛮的两个君主不和，导致了乃蛮部的分裂，实力也就随之削弱[⑤]。羊年（1199），乃蛮遭到成吉思汗攻击时，乃蛮不亦鲁黑汗逃到了乞儿吉思范围内的谦谦州地区[⑥]。在成吉思汗的打击下，乃蛮人

① 《元史》卷 63《地理志六・西北地附录・吉利吉思》，第 1574 页。

② 〔波斯〕拉施特著，余大钧、周建奇译：《史集》第 1 卷第 1 分册，序言，第 122 页。

③ 〔波斯〕拉施特著，余大钧、周建奇译：《史集》第 1 卷第 1 分册，第 252 页。

④ 〔波斯〕拉施特著，余大钧、周建奇译：《史集》第 1 卷第 1 分册，第 229 页。

⑤ 〔波斯〕拉施特著，余大钧、周建奇译：《史集》第 1 卷第 1 分册，第 227 页。

⑥ 〔波斯〕拉施特著，余大钧、周建奇译：《史集》第 1 卷第 2 分册，第 165 页。

逃往乞儿吉思避难。乞儿吉思的影响，引起了成吉思汗的关注。兔年（1207），成吉思汗派遣“阿勒坛（aitān）和不忽剌（būq(u)reh）为急使，到这两个有君主（乞儿吉思）处去，召（他们）归顺。那两个君主派遣了自己的三个异密兀鲁惕—兀秃术、额里克—帖木儿和安乞剌黑，带着一只白鹰，作为臣下对尊长表示的敬意，与他们一同回来，（向他）称臣”[①]。《元史》也载太祖铁木真二年（1207），太祖“遣按弹、不兀剌二人使乞力吉思。既而野牒亦纳里部、阿里替也儿部，皆遣使来献名鹰”[②]。《蒙古秘史》同载，兔年（1207），成吉思汗命拙（术）赤占领斡亦剌诸部后继续向乞尔吉思进军，“至万乞儿吉思种处，其官人也迪亦纳等，也归附了，将白海青、白骟马、黑貂鼠来拜见拙赤”[③]。实际上，乞儿吉思人并未降服。

导致成吉思汗再次征服乞儿吉思，并最终使其被彻底降服的诱因，是乞儿吉思的邻族秃马惕人反抗大蒙古国的起义。13 世纪，乞儿吉思人与秃马惕人，分别居住在叶尼塞河上游沿岸。由叶尼塞河向东至安加拉河沿岸，是乞儿吉思人活动的区域，也是秃马惕人居处游牧之地。秃马惕的住地在巴儿忽真—脱窟木和拜鲁克，两族杂居错处、休戚相关。《蒙古秘史》称秃马惕人为“秃巴思”族，视为“林木中百姓”。《史集》载“秃马惕人住在乞儿吉思人地区内，是一支非常好战的部落和军队”[④]。秃马惕人是非常好战的部落，有自己的军队。由于萨彦岭全是原始森林，具备狩猎的天然条件，所以，狩猎是他们的生产方式之一。秃马惕人与黠戛斯人一样，也掌握了冶铁技术。虎年（1218），住在巴儿忽真—脱窟木和拜鲁克的一个秃马惕部落作乱时，乞儿吉思不但没有应允成吉思汗令其出兵的号令，反而附和秃马惕军队共同抵抗大蒙古国的军队。成吉思汗派遣自己的儿子术赤率领军队前去。最终，乞儿吉思人的首领忽

① 〔波斯〕拉施特著，余大钧、周建奇译：《史集》第 1 卷第 1 分册，第 253 页。使者的名字，还译写为按弹、不兀剌。

② 《元史》卷 1《太祖本纪》，第 14 页。

③ 余大钧译注：《蒙古秘史》，239 节，第 438 页。

④ 〔波斯〕拉施特著，余大钧、周建奇译：《史集》第 1 卷第 1 分册，第 204 页。据考秃马惕即秃巴思，是一族的同名异译，也是该族名的复数形式，实际是唐代黠戛斯的属部木马三突厥之一的都波。

儿伦（qūrlūn）不敌蒙古人先锋不花的军队，被蒙古人击溃[①]。术赤穿过谦谦州诸冰河彻底讨平并征服了乞儿吉思[②]。秃马惕人反抗大蒙古国的叛乱，导致成吉思汗再次征服了乞儿吉思。13世纪的乞儿吉思，当是黠戛斯汗国历史的延续。囿于史料的匮乏，黠戛斯的消亡仅述及乞儿吉思历史终结为止。

（五）乞儿吉思人的流向

1225年，成吉思汗将乞儿吉思之地封为其子拖雷及拖雷之妻唆鲁禾帖尼的分地，元人称为“别吉大营盘”。元世祖忽必烈时代至元末，乞儿吉思之地又成为阿里不哥系的分地。元世祖至元三十年（1293），忽必烈东迁部分乞儿吉思人，欲立城于“肇州”（今黑龙江省肇东市四站镇的八里城一带）[③]。

其后的不同历史时期，部分乞儿吉思人又陆续迁至今黑龙江富裕县。此外，另有大部分乞儿吉思人相继南下天山、中亚等地，为今居于我国新疆柯尔克孜自治州的柯尔克孜族及居住于吉尔吉斯共和国的吉尔吉斯族。

---

① 刘正寅：《〈史集·部族志·乞儿吉思部〉研究》，《中国边疆史地研究》2013年第1期。

② 〔波斯〕拉施特著，余大钧、周建奇译：《史集》第1卷第1分册，第253页。实际上，1217年，秃马惕人叛乱，1218年，同类记载见第1卷第2分册。关于这段史实，乌兰曾做过研究。

③ 《元史》卷169《刘哈剌八都鲁传》，第3795页。

第四章　黠戛斯汗国的政治军事

黠戛斯汗国在政治上形成了特有的社会阶层。既承袭了北方民族官制，同时，通过与唐朝建立联系，又借用了中原的官号。因此，黠戛斯汗国具有北方民族与中原唐朝的双重官制。军事上，曾与漠北突厥、回鹘汗国长期冲突不断。曾响应唐朝并联合突骑施共同打击后突厥汗国，配合回鹘等铁勒各部打击薛延陀汗国，又与漠北回鹘较量多年，并最终击溃漠北回鹘政权，终结了突厥语族在漠北高原的统治，令蒙古高原乃至中亚的政治格局发生了历史性的变化。

第一节　黠戛斯汗国的政治

在汉文史料中，黠戛斯社会结构相对于其他北方民族，没有什么不同之处。但从鄂尔浑—叶尼塞古突厥文碑铭可知，黠戛斯可汗具有至高无上的权利，黠戛斯匐的作用堪比可汗，属于特殊阶层。此外，黠戛斯既传袭了北方民族的官职，也有借自唐朝的官职。

一、黠戛斯的社会结构

黠戛斯形成汗国前，实行部落酋长制，由三名酋长“共治其国”，他们分别是讫悉辈、居沙波辈和阿米辈[①]。辈（beg）又译作匐（bäg），是黠戛斯地位显赫的阶层。黠戛斯汗国时期，击溃漠北回鹘汗国的君主为“阿热”，遂姓阿热氏，“余以部落为之号”[②]。表明黠戛斯的核心部族是阿热氏，其他各部则以部名相称，如克施季姆六族、博尔沙尔民众、特尔斯民众等[③]。

---

① 《新唐书》卷 217 下《黠戛斯传》，第 6149 页。辈（beg），也译写作匐、伯克。

② 《新唐书》卷 217 下《黠戛斯传》，第 6147 页。

③ 〔苏联〕C. B. 吉谢列夫：《南西伯利亚古代史》（下册），第 133 页。

叶尼塞古突厥文碑铭中，多见黠戛斯可汗或汗的称谓，可汗拥有至高无上的地位与权力。例如，《克姆契克－卡雅－巴什碑》的铭文刻着："Qyrqyz qany bitimišin（通过黠戛斯汗的信）。"①《苏吉碑》记载"我是黠戛斯人之子，我是裴罗骨咄禄亚尔汗"，并强调要为汗尽忠效力"qanqa tap!（要敬重汗，并全力捍卫可汗的地位及统治）"②。《乌尤克·土兰碑》的主人，也表达了对汗的感激："Q(a)n(ï)m tülb(e)ri q(a)ra bud(u)n kül［üg］q(a)d(a)š(ï)m（汗赠赐的礼物是众多的百姓（黑民）、有名望的朋友）。"③这位贵族因曾得到汗的奖赏，不仅终生难忘，还要刻在自己的碑铭中，传与后人知晓。

匐的地位仅次于汗。匐拥有领导军队、派遣使臣、征收赋税等权利。如在黠戛斯的科彼内遗址 2 号冢出土的一件素面小金瓶，瓶底铭文显示"baglkkms baartimiz（匐的银子我们交了）"④。在黠戛斯社会结构中，匐具有很高的社会地位。正如乌弥匐所言："我因优越而有此土地。"⑤财产地位低下的阶层，称为"同一公社的人"（qadaš），他们和匐有某种依附关系。财力上比匐弱的公社成员，称为"妾"（kuni）⑥。在碑文中，与匐对应的社会成员，是"黑民"（qara-budun）和"自由民"（budun），他们是黠戛斯社会的普通成员。因为黠戛斯的经济发展不平衡，自由民与匐形成了某种经济依附关系。黠戛斯社会的最下层是被称为"奴隶"（kisi）的人⑦。

在黠戛斯地区发现的古突厥文碑铭中，"民众（Budun）""埃利"（äl）等词汇，常与可汗并列出现：

---

① ［苏联］A. 伯恩什达姆著，杨讷译，郝镇华校：《6 至 8 世纪鄂尔浑叶尼塞突厥社会经济制度（东突厥汗国和黠戛斯）》，第 215 页。

② 耿世民：《古代突厥文碑铭研究》，《苏吉碑》，第 226 页。

③ 胡振华：《柯尔克孜语言文化研究》，第 231、232 页。

④ ［苏联］С. В. 吉谢列夫：《南西伯利亚古代史》（下册），第 137 页。

⑤ ［苏联］С. В. 吉谢列夫：《南西伯利亚古代史》（下册），第 133 页。

⑥ ［苏联］A. 伯恩什达姆著，杨讷译，郝镇华校：《6 至 8 世纪鄂尔浑叶尼塞突厥社会经济制度（东突厥汗国和黠戛斯）》，第 216、218 页。

⑦ ［苏联］A. 伯恩什达姆著，杨讷译，郝镇华校：《6 至 8 世纪鄂尔浑叶尼塞突厥社会经济制度（东突厥汗国和黠戛斯）》，第 217、218 页。

优秀的博尔沙尔民众，强悍的民众；

我的埃利，我的可汗的特尔斯民众；

我不能与我的埃利、我的可汗在一起了；

我的骑士的埃利；

我与我的埃利一起游牧四方；

我离开了大地上我的虎埃利，离开了我的卓尔不群的亲族；

他的名字是瓦尔捷姆—阿纳尔，（他）也将所有金子（献给了？）好埃利[①]。

在克姆契克河的卡伊巴什河口的崖刻，刻着“此碑立于吾可汗与吾埃利所有之喀喇—森吉尔”的字样[②]。

叶尼塞碑铭中所见的可汗、埃利、民众，表明了他们的从属关系，抑或是亲属关系。埃利是以黠戛斯可汗为首的草原贵族阶层，与匐一样拥有大量的牲畜，他们的生活是半游牧的，故此会“游牧四方”。厄连—乌鲁克就是拥有大群马匹的人，因而其墓志言：“我与我的埃利一起游牧四方。”[③]可以说，埃利也专指显贵氏族，他们构成了黠戛斯贵族联盟，在黠戛斯汗国的形成过程中，发挥了重大作用。

民众的生活则相对稳定，他们主要从事游牧、狩猎、开拓与耕种活动。黠戛斯居住区显示有农业、水利设施等农耕迹象。由碑文“有埃利王的民众”“有可汗的民众”“独立的民众”等说法，可知民众与可汗、埃利等也有不同的从属关系。埃利是指一个地域或集团的民众中的显贵氏族，有发展自身经济的依附奴隶，还拥有向自己所属民众课税的特权[④]。

黠戛斯的丧葬习俗，也可见其社会结构的复杂。贵族不仅有较多的随葬品，还有火葬的特权。民众、仆人与奴隶，则有所差别，尤其是仆人与奴隶，并没有火葬的资格，因为火葬只是自由民的葬俗[⑤]。

---

① 〔苏联〕C. B. 吉谢列夫：《南西伯利亚古代史》（下册），第 133—138 页。

② 〔苏联〕C. B. 吉谢列夫：《南西伯利亚古代史》（下册），第 141 页。

③ 〔苏联〕C. B. 吉谢列夫：《南西伯利亚古代史》（下册），第 134 页。

④ 〔苏联〕C. B. 吉谢列夫：《南西伯利亚古代史》（下册），第 134 页。

⑤ 〔苏联〕C. B. 吉谢列夫：《南西伯利亚古代史》（下册），第 136 页。

二、黠戛斯汗国的官制

黠戛斯与后突厥汗国、漠北回鹘汗国曾长期频繁接触，因而，黠戛斯官职名称及其设置基本沿袭突厥、回鹘的制度。同时，随着与唐朝的联系日益紧密，中原王朝的官制对其也产生了影响，在黠戛斯的官职中，有很多借自中原的官号。由于受到多元文化影响，黠戛斯汗国的官制有两个方面：其一，继承了北方民族的传统制度，最高统治者称可汗，可汗以下有特勤、匐、叶护、梅禄、俟斤、颉利发、达干、设（杀）等；其二，采用了唐朝官制，且皆有定员。

（一）黠戛斯沿袭的北方民族官职

汉文文献及突厥文碑铭记载了突厥的一些官号，研究证明，突厥的官职主要源自柔然，而黠戛斯受突厥影响很大，基本沿袭了突厥的官职。《周书·异域下·突厥传》记载了突厥的官职，主要有："大官有叶护，次设，次特勤，次俟利发，次吐屯发，及余小官凡二十八等，皆世为之。"[①]《通典》尤为详细地记载了突厥的官职：

> 可汗犹古之单于也。号其妻为可贺敦，亦犹古之阏氏也。其子弟谓之特勤，别部领兵者谓之设。其大官屈律啜，次阿波，次颉利发，次吐屯，次俟斤。其初，国贵贱官号凡有十等……其后大官有叶护，次设，次特勤，次俟利发，次吐屯发，及余小官凡二十八等，皆代袭焉[②]。

汉文所载的突厥官职，大多见于黠戛斯的突厥鲁尼文碑铭。可汗之外，黠戛斯官号有俟利发（ältäbär）。唐贞观二十二年（648），黠戛斯酋长俟利发失钵屈阿栈入朝觐见唐太宗。"俟利发"一职，原本是突厥官号，其位置大致相当于一个较小政权的首领。军职有设（šad）官，如《乌尤克·阿尔汗碑》有"š(a)(d)(ï)m（我的设官）"[③]的记载。设是

---

① 《周书》卷50《异域下·突厥传》，第909页。
② 《通典》卷197《边防·突厥上》，第5403页。
③ 胡振华：《柯尔克孜语言文化研究》，第229页。

可汗之外别部的高级官员，主统领军队并能专制一方[①]。失钵，也是官号，是可汗牙帐中站立右侧的高官。唐乾元年间，黠戛斯君主阿热被回鹘授颉斤（irkin）官，全称为“毗伽顿颉斤”（Bilgä ton irkin）[②]。木马三突厥（都播、弥列哥、俄支）是黠戛斯的属部，黠戛斯曾授其君主“颉斤”称号[③]。此外，还有伊难珠（inanču）和啜（čor）官。《阙特勤碑》北第 13 行记载，黠戛斯阿热曾派重臣达头伊难珠啜，参加后突厥阙特勤的葬礼[④]。重臣达头（tarduš）的官号“伊难珠”对应的是古突厥语的“inanču”。相当于“心腹官”“机要官”。“啜”对应的是古突厥语“čor”，突厥的官号“啜”，是只有异姓突厥酋长才能袭用的爵号。匐（bäg）官，《乌尤克·塔拉克碑》碑铭第 2 行，有“匐”官的记述：“(A)t(ï)m El Tuğ(a)n Tut(u)q，(e)rt(i)m (a)ltï b(a)ğ bud(u)nq b(e)g (e)rt(i)m（我的名字是艾勒·吐干都督，我曾是六部百姓的匐官）。”[⑤] 这位领有六部百姓的匐官，还兼任都督一职。莫贺 (bağa) 与达干（tarkan）官。《苏吉碑》载：“m(e)n Qutl(u)ğ B(a)ğa T(a)rq(a)n öge buyr(u) qï m(e)n（我是骨咄禄·莫贺·达干的传令官）。”[⑥] 莫贺也是突厥官号,是对勇健之人的称呼[⑦]。唐高宗封授的唐左威卫大将军、坚昆都督，全称是结簧蚕匐肤莫贺咄[⑧]，可见在黠戛斯官职中确有与莫贺有关的莫贺咄一职。达干，突厥军事官职称谓，职能为“专统兵马事”，是仅次于汗（kan）的突厥尊号。

克姆契克河卡伊巴什河口拓制的崖刻，列出了部分黠戛斯官号及官职：

---

① 韩儒林：《突厥官号研究》，《突厥与回纥历史论文选集（1919—1981）》，第 252 页。

② 《新唐书》卷 217 下《黠戛斯传》，第 6149 页。

③ 《新唐书》卷 217 下《黠戛斯传》，第 6148 页。

④ 耿世民：《古代突厥文碑铭研究》，《阙特勤碑》，第 136 页。

⑤ 胡振华：《柯尔克孜语言文化研究》，第 228 页。

⑥ 胡振华：《柯尔克孜语言文化研究》，第 224 页。

⑦ 周伟洲：《敕勒与柔然》，上海人民出版社，1983 年，第 166 页。

⑧ 陈国灿：《唐乾陵石人像及其衔名的研究》，《突厥与回纥历史论文选集（1919—1981）》，第 381、382 页。唐高宗封的黠戛斯左威卫大将军兼坚昆都督——结簧蚕匐肤莫贺咄的石像，列于今陕西省咸阳市乾县县城北部的唐乾陵 61 番臣像右 2 碑第 5 人。

此碑立于吾可汗与吾埃利所有之喀喇—森吉尔。碑文系安申所书。汝众人等听喀喇—森吉尔之领主言。勇士。—伊南啜，奇格什匐，以吾之功勋吾乃克施季姆六族中之至高无上者，此吾之优越也。喀喇—森吉尔吾有之，岁次卅八年吾乃足智多谋之将军。奉可汗之……谕命（吾）系都督匐，疆土及于彼方[①]。

此碑与汉文文献相互补证，了解了黠戛斯的官职。由可汗、埃利、领主、奇格什匐担任的都督匐、勇士、伊南啜、将军等构成了黠戛斯的统治秩序。其意在于让世人皆知，以彰显其等级分明的社会统治阶层的强大震慑力。

（二）黠戛斯使用的中原官职

唐太宗贞观二十二年（648），黠戛斯酋长俟利发失钵屈阿栈入唐，唐在黠戛斯活动区域设立坚昆都督府，并隶属于燕然都护府统辖。由此，黠戛斯受到唐朝的羁縻统治，其职官的设置自然也会受到唐朝的影响。《新唐书·黠戛斯传》记载了黠戛斯所有的中原官职名称：

其官，宰相、都督、职使、长史、将军、达干六等。宰相七，都督三，职使十，皆典兵；长史十五，将军、达干无员[②]。

可见黠戛斯官职从宰相到达干分为六等，除了达干是北方民族自有的官职以外，其余皆为中原官号。

宰相是国君之下辅助其处理政务的最高官职，北方民族虽然也仿照中原官制，但并未完全照搬，所设宰相都有定员。如回鹘“署官吏，壹似突厥，有外宰相六、内宰相三。又有都督、将军、司马之号”[③]。回鹘袭突厥官制，设九名宰相辅佐朝政，似为古突厥语族的官制传统。唐代都督为军事长官或领兵将帅，有大、中、小之别。唐代高宗以后，总揽军事民政，亦有“持节”代表皇帝主持某方事务者。黠戛斯的都督一职，限员三人，除了总领兵事，是否“持节”，不见记载。职使（cigshi）一

① 〔苏联〕C. B. 吉谢列夫：《南西伯利亚古代史》（下册），第 141 页。

② 《新唐书》卷 217 下《黠戛斯传》，第 6148 页。

③ 《新唐书》卷 217 上《回鹘传》，第 6113 页。

官，实际是“刺史”之汉文转译，定员十人。除黠戛斯和都波外，唐代其他北方各族并无此官。此外，在北方民族职官中，“判官”一职也仅见于黠戛斯的文官。唐会昌二年（842），黠戛斯曾经派将军踏布合祖与“判官元因娑拽汗阿已时”等七人赴唐天德军，寻找失踪的使者[①]。由于没有更详细的史料，目前尚无法判断该职的具体职责。

黠戛斯的宰相、都督、职使、长史、将军等官职名称，显然是借鉴唐朝的设置而立。但是名称相同，执掌权力却与中原有别，依北方民族惯例行事，一般不论文武都领有兵权。黠戛斯将军能出使域外，宰相也能领兵出征，将军和达干也均无定员。唐会昌年间，黠戛斯汗国就多次派将军作为使者入唐。会昌四年（844），黠戛斯可汗遣将军温仵合出使唐朝，次年（845），黠戛斯将军谛德伊斯珠等又出使唐朝。大中二年（848），黠戛斯宰相阿播曾领兵七万，大败室韦。与回鹘的二十年争斗中，黠戛斯阿热可汗都是“身自将”。黠戛斯的大小官员都能统领军队，身先士卒。这种军政合一、兵民一体的体制，是古代北方游牧民族政权的特征，因为各民族有相似的生存环境和经济活动，因而其建立的政权形式也很相似。

黠戛斯官制综合了北方民族与中原王朝制度，反映出黠戛斯人不仅遵循了北方民族的传统，也深受中原文化的影响。

三、黠戛斯的习惯法

《世界境域志》记载，黠戛斯“无法纪之约束，残忍无情”[②]。这显然是波斯人对黠戛斯的印象，实际上，黠戛斯的法律甚为严酷。《新唐书·黠戛斯传》载其“法最严，临阵桡、奉使不称、妄议国、若盗者，皆断首；子为盗，以首着父颈，非死不脱”[③]。可见，黠戛斯法律以严酷的刑罚为主，对于触犯法律的当事人及相关联的人，依据罪名分别处以刑罚和体罚。一种是刑罚，主要是对直接犯罪人的处罚，其中包括作战时临阵脱逃、出使者完不成使命、随便议论国事、偷盗等罪行，这些犯

① 《会昌一品集》卷8《代刘沔与回鹘宰相书白》，第53页。

② 〔波斯〕胡杜德·阿勒·阿拉姆著，王治来、周锡娟译：《世界境域志》第14章“关于黠戛斯国”，第66页。

③ 《新唐书》卷217下《黠戛斯传》，第6148页。

人一律以死刑论处。另一种是体罚，主要针对与犯罪之人有血缘关系的人（即受株连的人）。如其法曰："子为盗，以首着父颈，非死不脱。"这种惩罚是以对生者的羞辱及对人心理与精神的折磨来警示他人，是较之死刑更为残酷的一种处罚。

黠戛斯严酷的法律，并非一种社会发展落后的反映。相同的犯罪在适用法律上，突厥是"盗者则偿赃十倍"；黠戛斯则是斩首并株连其父。同样是偷盗罪，黠戛斯采用的是将犯人处死，而不是赔偿损失，或没收为奴[①]。历史上其他民族如突厥，也有"反叛"及"盗马绊者皆死"的记载，偷盗马具的行为都以处死论罪。北方民族历史上在约定俗成的法规中，对盗窃行为都严惩不贷。严酷的法令，是黠戛斯汗国安定、发展的保障。

第二节　黠戛斯汗国的军事

汉文史料对黠戛斯军事制度的记载较为简略。借助实物史料，如古突厥碑铭的铭文，叶尼塞地区考古发现的遗迹、兵器等的多方佐证，有关黠戛斯军事问题的研究方得以展开。

一、黠戛斯军队的数量与构成

黠戛斯军队数量，历代汉文文献的记载详略不一。汉代史家无载。南北朝时期，有坚昆"胜兵三万人"之说[②]。《新唐书》称唐代黠戛斯"众数十万，胜兵八万"[③]。随着人口的增加，尤其是黠戛斯汗国的强盛，其军队的规模自然也随之扩大，骑兵人数已远不止于八万。唐开成五年(840)，黠戛斯击溃漠北回鹘后，在护送唐朝太和公主返唐途中，遭遇回鹘新立乌介可汗袭击，黠戛斯使者不敌对手而被害，公主也被胁迫掠走，赴唐请命商讨此事的黠戛斯使者表示可出兵四十万追剿回鹘，势必要营

① 柯尔克孜族简史编写组：《柯尔克孜族简史》，第42页。

② 《三国志》卷30《魏书·乌丸鲜卑东夷传》附鱼豢撰《魏略·西戎传》，第863页。

③ 《新唐书》卷217下《黠戛斯传》，第6147页；《通典》卷200《边防·结骨》亦载其"胜兵八万"，第5492页。

救回公主[①]。《九姓回鹘可汗碑》铭文亦载,黠戛斯曾以兵众“卌余万”反击回鹘[②],可见其鼎盛阶段的兵力曾经达到四十万。直至唐昭宗大顺元年,黠戛斯还与赫连铎、吐蕃等合兵“众十万”,助唐平定了沙陀李克用之乱[③]。可见晚唐时期,黠戛斯仍然拥有很强的军事力量。

同所有古代游牧民族一样,黠戛斯汗国也实行兵民合一制度。史载:“凡调兵,诸部役属者悉行。”[④]每遇战事,除了正规军,黠戛斯所属的“百姓及诸蕃部落役属者尽行”[⑤],凡具有战斗能力的百姓,都会上阵出征。黠戛斯军事力量的构成,主要包括可汗直属的军队、大小贵族酋长控制的军队、随时应召的各个属部的军队等。隶属于贵族的武装力量,有勇士、亲兵等,他们是黠戛斯军事力量的主要成分。如乌尤克的一块碑铭讲道:“不能留在你们,我的亲属勇士、乌古什勇士、乌格兰勇士之中。”[⑥]这些勇士都是隶属于贵族的亲兵,其中,乌古什勇士是指亲兵勇士;乌格兰勇士是指青年骑兵。考古表明,勇士的墓不仅“规模宏大,外貌也很特别”,都是和贵族一样巨大的四角形石冢,“四周几乎都立石碑”[⑦]。因为是贵族的勇士,从其墓地规模和形制上,可以看出其地位不凡,待遇也非同一般。他们在平时作战时,都具有举足轻重的作用,因此获得了尊贵的地位。

二、黠戛斯军队的装备

黠戛斯军队不仅人数庞大,还具有强大的战斗力。史载,黠戛斯人皆骁勇善战,正因为如此,黠戛斯人曾先后与后突厥汗国、漠北回鹘汗国发生多次军事争斗,并逐步占据优势,最终击溃漠北回鹘汗国,继而乘胜追击回鹘余众数年才止。究其原因,就在于军队配备了较精良的军事装备,兵士具有很强的战斗力及防御力。

---

① 《会昌一品集》卷8《代刘沔与回鹘宰相书白》,第53页。
② 林幹:《突厥与回纥史》,《九姓回鹘可汗碑》第11行,第440页。
③ 《新唐书》卷218《沙陀传》,第6061页。
④ 《新唐书》卷217下《黠戛斯传》,第6148页。
⑤ 《太平寰宇记》卷199《四夷·北狄·黠戛斯》,第3823页。
⑥ 〔苏联〕C. B. 吉谢列夫:《南西伯利亚古代史》(下册),第134页。
⑦ 〔苏联〕C. B. 吉谢列夫:《南西伯利亚古代史》(下册),第136页。

黠戛斯军队的装备，既有优良的战马，还配有弓箭、刀、剑、盾等兵器、护具，这些装备是黠戛斯军队具有一定战斗力的重要保障。精于兵器制作，则是黠戛斯军备完善的保障。《太平寰宇记》称黠戛斯“铁甚坚利，工亦精巧”“其兵器多用盾牌及弓箭”[①]。黠戛斯士兵作战时，除了必备武器外，骑兵、战马也都配备了用于防御和保护的特制盾牌。汉文史籍记载：“其马上牌自腹至足，又为缚牌于两肩，可便施用。”[②]“其战有弓矢、旗帜，其骑士析木为盾，蔽股足，又以圆盾传肩，而捍矢刃。”[③]特制的盾牌质地坚固，“以捍箭，箭不能裂”[④]。在对敌作战中，这些装备对将领与士兵都起到了很好的保护作用，降低了在战斗中受伤的概率，确保其英勇无比。

古代黠戛斯人留下的岩刻图像上，也发现了不同形状的“盾”图形，如护胸的圆形盾、护肩的椭圆形盾。武士身上还装备了长及膝盖的甲胄[⑤]。持有铁质的兵器，加之盾牌的严密保护，军士的战斗力之强，令外族感叹“其人悍勇”[⑥]。为了保护自己的利益，他们“勇武好战，是优秀的斗士”，因而被视为“他们同自己周围的一切人作战与为敌”[⑦]。优良的装备，使黠戛斯的军队具有很强的战斗力，加之“俗趫伉”军士们都行动敏捷，高大健壮[⑧]，英勇杀敌，各个骁勇，致使“邻国惮之”[⑨]。已出土的黠戛斯兵器，以6—8世纪的铁镞居多，仅米努辛斯克博物馆就收藏了4144件。这些箭镞都集中发现于叶尼塞河中游地区，表明这里无疑是“5—10世纪萨彦—阿尔泰广大地区所用箭镞的制造中心”[⑩]。庞大的铁镞数量，说明了黠戛斯军队的规模；铁镞的不同形状，反映出其兵器制造的水平。

---

① 《太平寰宇记》卷199《四夷·北狄·黠戛斯》，第3823页。

② 《太平寰宇记》卷199《四夷·北狄·黠戛斯》，第3823页。

③ 《新唐书》卷217下《黠戛斯传》，第6147页。

④ 《太平寰宇记》卷199《四夷·北狄·黠戛斯》，第3823页。

⑤ 〔苏联〕C. B. 吉谢列夫：《南西伯利亚古代史》（下册），第126页。

⑥ 《资治通鉴》卷246《唐纪》开成五年（840），第8068页。

⑦ 〔波斯〕胡杜德·阿勒·阿拉姆著，王治来、周锡娟译：《世界境域志》第14章“关于黠戛斯国”，第66页。

⑧ 《新唐书》卷217下《黠戛斯传》，第6147页。

⑨ 《唐会要》卷100《结骨国》，第1784页。

⑩ 〔苏联〕C. B. 吉谢列夫：《南西伯利亚古代史》（下册），第126页。

大量铁制兵器之所以能被制造与使用，源于黠戛斯丰富的矿产资源和高超的冶铁、铸造技术。文献记载黠戛斯的矿产资源极其丰富，以至于每逢暴雨冲刷，就有矿脉显出。因此，杜佑《通典》记其“天每雨铁”，黠戛斯人则“收而用之，号曰迦沙，以为刀剑，甚铦利”①。《新唐书》载：“每雨，俗必得铁，号迦沙，为兵绝犀利，常以输突厥。”②由于黠戛斯富有铁矿，因此，铁矿石曾作为特产向突厥输出。黠戛斯人不仅会开采矿石，还掌握了冶铁技术，铁矿石冶炼之后又多用于制造兵器。因此，黠戛斯所在的米努辛斯克盆地，被称为突厥汗国铁器制作和兵器生产的基地。黠戛斯工匠有“能工巧匠之子”的称谓，其声名远播蒙古高原及中亚地区③。直到大蒙古国时期，黠戛斯分布的地区（乞儿吉思与谦谦州）仍然是成吉思汗制作武器和手工业加工的基地。

黠戛斯不仅军备精良，军队的组成成分复杂，军队的规模也很强大。强大的军队为黠戛斯击溃漠北回鹘汗国提供了保障。当然，黠戛斯能打败漠北回鹘汗国，除了凭借军事实力，还有回鹘的国势使然，正如唐德宗宰相李德裕所言：“回鹘顷以本国荐饥，落种携贰，纥扢斯（黠戛斯）乘其衰乱，遂覆危巢。”④回鹘国内的自然灾害、政局混乱也为黠戛斯提供了有利的契机。

三、黠戛斯军队的官职

参照古突厥文碑铭并结合汉文文献的记载，可以略知黠戛斯文武官职的执掌界限，并不是特别分明。汉文史籍所载黠戛斯的官职，包括：

> 宰相、都督、职使、长史、将军、达干六等。宰相七，都督三，职使十；长史十五，将军、达干无员⑤。

虽然“皆典兵”是北方游牧民族的特色，但也有明确其主要军事执掌的官职，如达干、设等。

---

① 《通典》卷200《边防·结骨》，第5493页。

② 《新唐书》卷217下《黠戛斯传》，第6147页。

③ 〔苏联〕C. B. 吉谢列夫：《南西伯利亚古代史》（下册），第131页。

④ 《会昌一品集》卷3《授刘沔招抚回鹘使制》，第19页。

⑤ 《新唐书》卷217下《黠戛斯传》，第6148页。

（1）将军，将军是文武均可担当的职官。《资治通鉴》载："黠戛斯可汗遣将军温仵合入贡。上赐之书，谕以速平回鹘、黑车子，乃遣使行册命"①。

（2）达干（tarkan），统兵马事的突厥军官职。达干官职之中，还有阿波达干（Apa Tarqan）一职，为军事统帅②。

（3）设（Šad），为突厥军事长官，即"别部领兵者皆谓之设"③。设官是可汗之外别部的高级官员。

（4）郎将，是唐朝授予入朝的黠戛斯首领的官号。唐玄宗开元十年（722）九月己巳，"坚昆大首领伊悉钵舍友者毕施颉斤来朝，授中郎将，放还蕃"。开元十一年（723），坚昆大首领俱力贫贺忠颉斤至唐，唐授以郎将之号④。

黠戛斯武将与文官的执掌，并不分明，甚至是文武兼备抑或文武不分，这也是古代北方游牧民族政权特有的现象。

---

① 《资治通鉴》卷247《唐纪》会昌三年（843），第8107页。

② 《古代突厥文碑铭研究》，《阙利啜碑》，第182页。

③ 《旧唐书》卷194上《突厥传》，第5153页；韩儒林：《突厥官号研究》，《突厥与回纥历史论文选集（1919—1981）》，第252页。

④ 《册府元龟》卷99《外臣部·褒异二》，第11448页。

第五章　黠戛斯的经济生活

黠戛斯地处叶尼塞河上游，主要从事畜牧、狩猎、农业和手工业等经济活动，与典型的游牧民族不同，属于农牧混合经济。商业贸易也是黠戛斯经济的重要组成部分。黠戛斯与中原王朝的经济交往盛于唐朝，此外，与波斯、大食、吐蕃都有往来。

第一节　畜牧、狩猎与农业

地处叶尼塞河流域的黠戛斯，草原辽阔，森林茂密，水系发达，自然资源较为丰富，因此，畜牧、狩猎是其主要生产活动。叶尼塞河上游的米努辛斯克盆地，宜于谷物类农业的耕作，复杂的灌溉系统也为种植业提供了保障。

一、畜牧与狩猎

黠戛斯畜牧与狩猎并重的经济模式，始于其远祖坚昆人。坚昆人的基本生产方式是“随畜牧”，因而“有好马”“亦多貂”[①]。以游牧、狩猎为业，畜牧业发达。黠戛斯人善于驯养牲畜，每当“畜，马至壮大，以善斗者为头马”，他们会选择最善斗的头马，以令其带动其他马匹听从主人的召唤。被驯养的牲畜，除了马以外，还有牛、羊、橐它（骆驼）等家畜，其中尤以“牛为多，富农至数千”[②]。叶尼塞碑铭载其家畜被区分为有角的牲畜与马两大类，牛、羊、马等畜产品往往作为黠戛斯人财富的象征，也是富家用来做婚嫁聘礼的首选。在不止一处的黠戛斯的岩画上刻画着骆驼的形象，尤其是黑伊尤斯河沿岸皮萨纳亚山的骆驼岩画，画

---

① 《三国志》卷 30《魏书·乌丸鲜卑东夷传》附鱼豢撰《魏略·西戎传》，第 863 页。

② 《新唐书》卷 217 下《黠戛斯传》，第 6147 页。

中的骆驼套在带篷的车子上，堪称最有价值的岩画[①]。表明他们驯养了牛、羊、马、骆驼等家畜，除食用之外还可以用于役使。

古代黠戛斯的贵族们，生前拥有牛羊无数，死后也要有相当数量的牲畜作为牺牲陪葬。黠戛斯的科彼内遗址就发现了上下两层的羊骨，其数量超过了随葬物总数的一半，其中还有数量大体相当的牛骨与马骨。这些大量出土的羊、牛、马等家畜骨骼，证实了其家畜种类与数量之多。大量殉葬牛羊，是因为贵族拥有庞大的畜群数量，反映了黠戛斯畜牧、养殖业的发达。由于畜牧业的发达，牲畜被视为主要财产，反映在黠戛斯碑铭当中，大多死者临终前都要向自己生前“尘世”间的一切逐一告别，特别是历数自己曾经拥有牛羊、马匹等。如《苏吉碑》第 5 行讲道：“tägdi. bay bat ärtim.aγïlïm on .yïlqïm sansïz ärti.（我是很富有的，我有畜圈十个，我的马匹无数）。”[②]《乌尤克·土兰碑》的墓主人则感叹曾经拥有：“(a)ltï bing yont(ï)m.（6000 匹马）。”[③]死者因告别了尘世，为不得不“失去”6000 匹马而深感不舍。《别格烈碑》提到了墓主人的有角牲畜和马。《阿啜尔碑》提到生前“土地上有无数打戳印的牲口”[④]。乌雷匐的财产“土地打印记的马群不可胜数……囊中财物多如乌发”[⑤]。同样，汉文古籍也记载：“结骨马与骨利干马相似，少不如，印‘出’。”[⑥]北方游牧民族畜牧业发达，牲畜动辄数以千计，为了区别自己与别人的马匹，他们会给马烙上不同的纹饰烙印。黠戛斯畜牧业发达，牲畜之多，远播中亚。波斯人论及黠戛斯人的财富，首先就是“货物，牛、羊和马匹”[⑦]，足见畜牧业占黠戛斯经济的统治地位。

在黠戛斯活动的地区，林木茂盛，有丰富的野生动物资源，黠戛斯人日常经济活动除了牧养家畜之外，也“好猎兽”[⑧]。叶尼塞河上游发现的

---

① 〔苏联〕C. B. 吉谢列夫：《南西伯利亚古代史》（下册），第 123 页。

② 耿世民：《古代突厥文碑铭研究》，第 226 页。

③ 胡振华：《柯尔克孜语言文化研究》，第 231 页。

④ 〔苏联〕A. 伯恩什达姆著，杨讷译，郝镇华校：《6 至 8 世纪鄂尔浑叶尼塞突厥社会经济制度（东突厥汗国和黠戛斯）》，第 205、206 页。

⑤ 〔苏联〕C. B. 吉谢列夫：《南西伯利亚古代史》（下册），第 123 页。

⑥ 《唐会要》卷 72《诸蕃马印》，第 1305 页。

⑦ 〔波斯〕胡杜德·阿勒·阿拉姆著，王治来、周锡娟译：《世界境域志》第 14 章“关于黠戛斯国”，第 66 页。

⑧ 《太平寰宇记》卷 199《四夷·北狄·黠戛斯》，第 3823 页。

黠戛斯《别格烈碑》和《阿尔腾库尔碑》铭文都有古突厥文“狩猎”的字样[①]。波斯文献也记载黠戛斯周围地区以“生有若许黑貂、灰鼠及麝羚，树木森森，猎物丰富，山里宜于居住”而知名[②]。黠戛斯境内的图拉斯山（TULAS，今阿尔泰山脉的一部分），“山中有黑豹、灰松鼠和麝。黠戛斯境内的山脉中，有麝、犀牛——［角］、灰松鼠和黑豹”[③]。黠戛斯“出产大量麝香，皮毛，Khadang 木，Khalanj 木，和牛角做的刀把”“猎取皮毛，麝香，犀牛（角）等类”物产[④]。

黠戛斯狩猎的野生动物，据汉文文献记载，包括“野马、骨咄、黄羊、羱羝、鹿、黑尾，黑尾者似獐，尾大而黑”。鸟类有“雁、鹜、乌鹊、鹰、隼”等[⑤]。丰富的资源与对狩猎的喜好，形成了非常壮观的黠戛斯人的狩猎画面，其狩猎工具也极具浓烈的地域特色。《通典》就呈现出“其国猎兽，皆乘木马，升降山磴，追赴若飞”的画面[⑥]。《唐会要》亦载，每当狩猎之时，黠戛斯人“皆乘木马，升降山磴，追赴若飞”[⑦]。因为冬季大雪深厚，骑马不便，黠戛斯冬季狩猎主要使用名为“木马”的滑雪板，即“以板藉足，屈木支腋，蹴辄百步，势迅激”[⑧]。将滑雪板绑缚在脚上，手撑木棍在雪上滑行，快速如飞。因适于在雪地上出行，滑雪板在叶尼塞河上游的狩猎民族中得以广泛使用。

黠戛斯人猎获所得的珍稀猎物或珍贵皮毛，除了交换外，还视为最珍贵的礼物，用于尊贵的奉献。当成吉思汗派使者到乞儿乞思处时，那

---

① 〔苏联〕A. 伯恩什达姆著，杨讷译，郝镇华校：《6 至 8 世纪鄂尔浑叶尼塞突厥社会经济制度（东突厥汗国和黠戛斯）》，第 206 页。

② 〔匈牙利〕马尔丁奈兹（A. P. Martinez）著：《迦尔迪齐论突厥》，杨富学、凯旋译，载何天明、云广主编：《朔方论丛》（第四辑），内蒙古大学出版社，2015 年，第 202 页。

③ 〔波斯〕胡杜德·阿勒·阿拉姆著，王治来、周锡娟译：《世界境域志》第 5 章“关于山脉及其矿产”，第 37 页。

④ 〔波斯〕胡杜德·阿勒·阿拉姆著，王治来、周锡娟译：《世界境域志》第 14 章“关于黠戛斯国”，第 66 页。

⑤ 《新唐书》卷 217 下《黠戛斯传》，第 6147 页。

⑥ 《通典》卷 200《边防·结骨》，第 5493 页。

⑦ 《唐会要》卷 100《结骨国》，第 1784 页。

⑧ 《新唐书》卷 217 下《黠戛斯传》，第 6148 页。

里的君主也派出使者“将白海青、白骟马、黑貂鼠来拜见拙赤表示归附”[①]。黠戛斯人认为狩猎时历尽千辛万苦获得的猎物，才是表达心意的最好礼物，尤其是珍贵的猎物皮毛价值贵比金银珠宝。

二、农业

黠戛斯人聚居的萨彦岭北坡，因为纬度高、气候寒冷、无霜期短，所以农业种植的品种较为单一。但从叶尼塞碑铭中频繁出现“土地”一词，以及考古发现犁铧、石磨、镰刀等可知，农业种植也是黠戛斯的经济生产方式之一。

在叶尼塞的多处碑铭中有关于土地的铭文，如乌鲁格—谦、库里—谦等铭文，均发现了“耕地”（tarly）一词[②]。此外，《别格烈碑》记载：“我离开了我的土地以及我的河水。”《恰库尔碑》有“失去了卡查（？）土地”“tarlyɤm（我的耕地）”的字样。《阿尔腾库尔碑》载：“我失去了（住在）我的土地上的我的虎氏族、我的勇士”，表明土地的所有权属于氏族。《乌尤克·土兰碑》言：“我艾古克卡屯离开了我的土地。”[③]这些碑铭记载表明，黠戛斯人不仅从事农业生产，而且具有一定的规模。

黠戛斯人种植农作物的种类、农作物生长周期等相关内容，汉文史料《新唐书·黠戛斯传》也有记载，如“气多寒”“稼有禾、粟、大小麦、青稞，步硙以为面糜。穄以三月种，九月获，以饭，以酿酒，而无果蔬”[④]。黠戛斯地处北方，气候寒冷，以畜牧业为主，且少有农业。农作物品种较为单一，以适应寒地的作物为主，适宜种植粟、大小麦、青稞等少数耐寒的农作物。因为无霜期短，农作物一年只能种一次，三月种植穄，九月收获，除了食用作用以外，还用来酿酒。黠戛斯科彼内的农业遗迹，出土了一块直径为50—70厘米的石磨，是其加工粮食的佐证[⑤]。

---

① 余大钧译注：《蒙古秘史》，第239节，第394页。

② 〔苏联〕A. 伯恩什达姆著，杨讷译，郝镇华校：《6至8世纪鄂尔浑叶尼塞突厥社会经济制度（东突厥汗国和黠戛斯）》，第206页。

③ 〔苏联〕A. 伯恩什达姆著，杨讷译，郝镇华校：《6至8世纪鄂尔浑叶尼塞突厥社会经济制度（东突厥汗国和黠戛斯）》，第209页。

④ 《新唐书》卷217下《黠戛斯传》，第6147页。

⑤ 〔苏联〕C. B. 吉谢列夫：《南西伯利亚古代史》（下册），第122页。

在米努辛斯克盆地还出土了大量的铁制农具，其中还有中国式的犁铧，这也是黠戛斯农业耕作的见证。出土的犁铧多用生铁铸成，不仅分量很重，而且带有犁镜。有的犁铧上还刻有工匠的印记，如鱼纹、“十”字纹、仿汉字和汉字等，如有的犁铧的犁镜上就刻有“人造”二字，这种犁镜很可能“造于唐代以前，很可能是造于五世纪”①。此外，不仅发现了自制的装有三角形的犁铧尖端的犁，在米努辛斯克草原还发现了三齿犁的铁头，显然犁耕技术已普遍用于农业生产。除了耕犁，黠戛斯分布的山区、河流沿岸等很多地区，还出土了各种各样的锄及铁镰等农具。9世纪，该地区出现了有铤的镰刀，因刀刃有很大的弯度而更便于收割。此外，考古发现表明“古代黠戛斯居民大规模经营农业，即使不太适宜种植的土地，他们也加以开拓，在那里修建大规模的水利设施”②。在威巴特草原发现的别亚河引水灌溉工程遗迹，水渠长度达15—20千米，灌溉的渠道相错密如蛛网③。土地、农具以及与农业配套的水利设施遗迹的发现，反映了黠戛斯的农业发展水平。

综上所述，黠戛斯经济并非只是以畜牧业为主的单一经济模式，而是畜牧业、渔猎业、农业多种经济形式并存，呈现出畜牧、渔猎与农业同步发展、优势互补的态势。

第二节　手工业与商业

根据文献和考古资料，黠戛斯金属的开采、铸造，尤其是手工业、加工业具有较高的水平。手工业制品、珍贵皮毛、名贵木材等，都是对外商业交流的主要输出物。黠戛斯手工业与商业的发展，得益于其丰富的自然资源。黠戛斯虽然地处偏远，对外交通并不便利，但仍不乏与外界的交流。

一、黠戛斯的手工业

黠戛斯地区蕴含丰富的矿产资源，矿产“有金、铁、锡，每雨，俗

① 〔苏联〕C. B. 吉谢列夫：《南西伯利亚古代史》（下册），第123页。
② 〔苏联〕C. B. 吉谢列夫：《南西伯利亚古代史》（下册），第134页。
③ 〔苏联〕C. B. 吉谢列夫：《南西伯利亚古代史》（下册），第123页。

必得铁，号迦沙，为兵绝犀利，常以输突厥”[①]。金、铁、锡等矿产资源的富集，不仅促使黠戛斯人学会了开采矿石，还逐渐掌握了冶铁技术。采矿规模与冶炼技术的进步，又带动了金属加工行业的发展，尤其是兵器、工具的制造。此外，还有制陶、首饰、美工、制鞋和雕刻等多种手工业行业。

（一）矿石的采集与金属加工

公元前3—公元4世纪，南西伯利亚米努辛斯克地区进入铁器时代[②]，铁被广泛地用于制造兵器、农具。米努辛斯克盆地周围的山林、盆地草原的中心如土巴河沿岸、萨彦岭和阿尔泰的支脉等地，留下了许多铁矿场和熔铁炉的遗迹[③]。考古发现冶铁炉周边没有生活日用品，证明铁匠们炼好的熟铁并不在附近加工，而是带到了别处再做处理。以小科彼内遗址为例，遗址范围内的耕地上，没有炭屑矿渣堆，也没有冶炼铁矿的遗迹。但2千米外的同时期的科彼内—卡腊盖沙丘遗址，却遍布残屑、矿渣和炉子等遗迹[④]。因此，从事手工业的村落，大都发现于沿河岸边，尤其是交通便利的叶尼塞河水系附近。水系的附近，是铁匠比较集中的地方，冬季的叶尼塞河是“通往南方走出萨彦岭的唯一道路”[⑤]。他们不仅要考虑炼铁和加工铁的用水问题，还会留意到所制铁器的外销问题。依水而居，不仅便于生产，也易于产品的运输与交换。

出土的实物表明，黠戛斯铁匠不仅能锻制农具如铧、镰和锄等，也能打铁及加工有色金属用的工具。此外，黠戛斯人还能制造斧等砍伐工具，米努辛斯克博物馆收藏了不同时期的铧、镰、锄和斧等器具，编号从914到1117号共204件。制作技术与规模可见一斑[⑥]。

黠戛斯畜牧业的发展，促进了马具制造业的繁荣。6—8世纪，黠戛斯人的墓葬就出土了大量的马具，如马镫、马衔、马鞍带扣、马身上的

---

① 《新唐书》卷217下《黠戛斯传》，第6147页。

② 〔苏联〕A. Л. 蒙盖特:《苏联考古学》第5章“早期铁器时代”，第137页。

③ 〔苏联〕C. B. 吉谢列夫:《南西伯利亚古代史》（下册），第124页。

④ 〔苏联〕C. B. 吉谢列夫:《南西伯利亚古代史》（下册），第125页。

⑤ 〔苏联〕C. B. 吉谢列夫:《南西伯利亚古代史》（下册），第125页。

⑥ 〔苏联〕C. B. 吉谢列夫:《南西伯利亚古代史》（下册），第200页。

饰物等，反映出手工业加工工艺的精湛及生产规模的庞大。而冶铁的发展与其对武器的需求相关；犁耕农业的流行，则要求有更多的铁制造犁铧、犁镜、镰刀和其他工具。铁也是制造马具的主要材料，因此，就相应地形成了以铁为中心的采矿、冶铁、制造一条龙经济[①]。这不仅武装了军队、带动了农业发展，还促进了与邻族、中亚、唐朝的交换，最终刺激了手工业的发展。

文献记载的黠戛斯人精于冶铁、锻制工具和兵器。优良的弓箭及刀、剑、盾等铁制兵器，是黠戛斯军队的主要装备，并声名远播，为中原人所知。《太平寰宇记》载，黠戛斯“铁甚坚利，工亦精巧”“其兵器多用牌及弓箭”[②]。这些装备是黠戛斯军队具有一定战斗力的主要保障，也是其手工业发达的反映。6—8 世纪黠戛斯的兵器标本，至今遗留最多的是铁箭镞。除铁箭镞之外，黠戛斯铁匠还制造其他武器，如剑和短剑。剑的特征是很长（为 80—90 厘米），平刃，有直格，柄是木料或皮革装在铤上。短剑的形制最初是近三角形，有铤，似 6—8 世纪的阿尔泰短剑。稍晚至 9—10 世纪，黠戛斯铁匠开始制造双刃几乎平行而剑身较宽的短剑。威巴特恰阿塔斯墓出土了一件短剑，有铤，柄与剑身形成一个拆角，像 8—9 世纪的某些马刀的样子，剑格的结构也同后者相似。考古发现他们矛用得较少，出土的矛头更少，仅发现了形状像猎熊的大矛[③]。

除了兵器，黠戛斯军士护身的器械也值得称道。汉文文献曾载：“其马上牌自腹至足，又为缚牌于两肩，可便施用。”[④]“其战有弓矢、旗帜，其骑士析木为盾，蔽股足，又以圆盾传肩，而捍矢刃。”[⑤]这种特制的盾牌“以捍箭，箭不能裂”[⑥]。在对敌作战中，这些装备对将领与士兵们起到了很好的保护作用。文献提及的盾、盔甲的形制，可从黠戛斯人刻于岩石的图画上得以印证。科彼内的浮雕人像前方膝部有盾。在苏列克岩画上可见护胸的盾呈圆形，护肩的盾做椭圆形等，在人体不同部位相应地

---

① 〔苏联〕C. B. 吉谢列夫：《南西伯利亚古代史》（下册），第 126 页。

② 《太平寰宇记》卷 199《四夷·北狄·黠戛斯》，第 3823 页。

③ 〔苏联〕C. B. 吉谢列夫：《南西伯利亚古代史》（下册），第 126 页。

④ 《太平寰宇记》卷 199《四夷·北狄·黠戛斯》，第 3823 页。

⑤ 《新唐书》卷 217 下《黠戛斯传》，第 6147 页。

⑥ 《太平寰宇记》卷 199《四夷·北狄·黠戛斯》，第 3823 页。

配以不同形制的盾。根据叶尼塞河沿岸岩画上的武士像，还可复原黠戛斯兵士甲胄的外形。在叶尼塞河沿岸，特别是从苏列克村附近的岩画和塔舍巴河畔恰阿塔斯墓[①]的一块石上，清晰可见武士像身着长及膝盖的甲胄，头戴东方常见的尖顶盔[②]。

除各种各样的工具和武器外，黠戛斯铁匠还可大量地制造各种马具部件。在米努辛斯克盆地发掘的6—8世纪墓葬，曾发现马衔、马镫、马鞍带扣等多种马具。根据这些出土物和相关资料，可以断定各种马具形制的发展序列[③]。9—10世纪，叶尼塞河沿岸制造的马镫，是弧形铁条的顶上有一块薄片，上面打出系皮带的耳。有些马镫的薄片呈高高凸起状，同时，弧形铁的两侧与镫板之间弯曲得也很别致，这与同时期中国所出一种铜马镫完全相同。米努辛斯克盆地所出带薄片耳的马镫，也有几件是用青铜铸造的。威巴特恰阿塔斯5号冢出土的一件马镫，更直接表明薄片耳的马镫形制起源于中国。马镫纹饰上华丽的银盘枝卷曲的银质花草纹之间，还嵌有展翅飞翔的鎏金铜鸟，与其十分相似的纹饰，也出现在唐代同样鸟纹的铜镜、金盘还有晋代的铜镜上。由此可见，遥远的叶尼塞河沿岸的黠戛斯，与唐朝（在手工业制造方面）存在着一定程度的技术交流。

此外，工匠们还精于制作铁马衔、马具所用的各种带扣、铁络饰、铁带饰等技艺，并能将锻打与铸造有机结合。

（二）其他手工业制造

考古发现黠戛斯制陶业很发达。6—8世纪，小科彼内遗址墓葬就出土了大量在陶轮上精心制作的深腹陶瓶，考古学家称之为“黠戛斯瓶”[④]。这种陶瓶的特点是胎质非常特别，有如石头般的质感。它的形制是器腹做长卵形，高颈，敞口，肩部有一圈用模子连续压印的杉针形宽带纹。从“黠戛斯瓶”与粗陶器一起被陪葬的现象可见其具有一定的制作规模[⑤]。

---

① 〔苏联〕C. B. 吉谢列夫：《南西伯利亚古代史》（下册），第200页，注释65。
② 〔苏联〕C. B. 吉谢列夫：《南西伯利亚古代史》（下册），第126页。
③ 〔苏联〕C. B. 吉谢列夫：《南西伯利亚古代史》（下册），第126页。
④ 〔苏联〕C. B. 吉谢列夫：《南西伯利亚古代史》（下册），第131页。
⑤ 〔苏联〕C. B. 吉谢列夫：《南西伯利亚古代史》（下册），第136页。

除了陶器制作者，黠戛斯还有饰物匠人，其主要制品是随身饰物，包括带饰、络饰。在卡普查勒1号墓和库迪尔格墓就发现了马具的配饰、胸前戴的配饰等实物[①]。属于6—8世纪的出土工艺品中，有包金叶、银叶和铜叶，制作工艺精致考究的木雕制品，其中以绵羊雕像最为流行。此外，黠戛斯还能生产“牛角做的刀把”[②]，黠戛斯人精于加工牛角，并能将其做成各种刀把。从工艺的难度与加工工艺角度看，也非一般工匠所为。这些物品当时畅销于中亚地区，从这些制品被用来与外界交换的角度看，生产加工的规模当也不可小觑。

由于萨彦岭盛产玉石，所以，黠戛斯也存在玉石加工的可能。唐会昌三年（843），唐军击败回鹘乌介可汗，被其挟持的太和公主也被迎回太原。为此，唐使者曾慰劳太和公主，以“黠戛斯所献白貂皮、玉指环往赐”[③]。此玉指环虽然不排除是其对外贸易而来，但也极有可能是黠戛斯人自己制造的。无独有偶，唐代文人的笔下，也提到了黠戛斯的玉器。唐大历二年（767），杜甫诗句中就抒发了“勃律天西采玉河，坚昆碧碗最来多”的感慨[④]。诗中所指的“坚昆碧碗”显然是黠戛斯出产的玉质制品，由此可见“玉指环”无疑出自黠戛斯工匠之手。

除了铁匠、铸工、制陶工、马鞍匠以外，黠戛斯岩画上还可见首饰匠、美工匠，以及装饰箭和马鞍的骨雕和木雕匠人。如威巴特的碑铭，就有石匠以及文字雕刻匠留下的铭文，工匠们因此被冠以“能工巧匠之子”的称谓[⑤]。可见，黠戛斯人中会各种工艺的工匠能手，多数都系家传世袭而成。

二、黠戛斯的商业

6—9世纪，黠戛斯同唐朝、吐蕃和其他国家建立了外交和商业联

---

① 〔苏联〕C. B. 吉谢列夫：《南西伯利亚古代史》（下册），第127页。

② 〔波斯〕胡杜德·阿勒·阿拉姆著，王治来、周锡娟译：《世界境域志》第14章“关于黠戛斯国”，第66页。

③ 《新唐书》卷83《定安公主传》，太和公主从回鹘返唐以后，受封为定安公主，第3669页。

④ （清）彭定求等校点：《全唐诗》卷230第12首，杜甫《喜闻盗贼蕃寇总退口号五首》，中华书局，1960年，第2520页。

⑤ 〔苏联〕C. B. 吉谢列夫：《南西伯利亚古代史》（下册），第131页。

系。黠戛斯商队来到大唐边关，进行马匹互市。在属于黠戛斯的遗址中，出土了漆器、瓷器、犁铧、模具、铜镜和钱币等中原器物，反映了黠戛斯与唐朝的贸易联系。此外，黠戛斯与吐蕃、大食、葛逻禄等地都有贸易交流的记载。

（一）黠戛斯与中原王朝的贸易

汉文文献与叶尼塞河沿岸的考古发掘表明，黠戛斯与中原王朝的贸易关系，始自并全盛于唐代，直到元代仍很活跃。

黠戛斯与中原贸易的发展，伴随着各个历史时期的政治形势而变化。魏晋时期，中原地区正处于多个政权并存的历史状态，自然影响了与北方民族的经济交流。其后，北方柔然与突厥、回鹘等游牧政权先后兴起，再度制约了北方与中原的贸易来往。840 年，漠北回鹘汗国覆亡后，黠戛斯与唐之间的商业贸易较之以前更加频繁。

迄今为止，9 世纪前的中原钱币在萨彦岭以北地区的考古发现中出土很少，仅见西魏恭帝拓跋廓元年（554）的 4 枚货币。因为没有直接的史料记载，这几枚钱币或许来自来往的商人。叶尼塞上游出土的不同时期的唐代钱币，反映出黠戛斯与唐朝联系的密切程度。今俄罗斯米努辛斯克博物馆收藏的钱币中，有唐高祖武德年间的钱币 45 枚，肃宗乾元年间（758—759）的货币 12 枚，德宗建中元年（780）的货币 6 枚，唐宪宗元和九年（814）至武宗会昌六年（846）的唐代钱币多达 237 枚[①]。10 世纪末至 11 世纪，宋朝的钱币 37 枚，金代的货币 8 枚。从出土的历代中原王朝钱币数量可知，黠戛斯对中原的贸易主要集中在唐朝，尤其是唐武宗朝。在宋、金、元时期，黠戛斯发现的中原钱币数量明显变少，说明当时黠戛斯的对外经济交流不再通畅。

随着北方草原政治、军事环境及其格局的变化，黠戛斯与唐朝的往来也时断时续。自唐太宗朝入贡之后，唐高宗上元三年（676）二月乙

---

① 〔苏联〕C. B. 吉谢列夫：《南西伯利亚古代史》（下册），第 132 页。货币编号：唐高祖武德年间（5295—5339 号）；肃宗乾元年间（5264—68、5617—18、5709、710、716、718、720 号）；德宗建中元年（5177—715、717 号）；武宗年间（5340—5558、5279—90、5816、5884—5886 号，注：另外 5 枚编号不明）；宋朝（5569、5574—5609 号）。

亥，“坚昆献名马”[①]。高宗永淳元年（682）之后，伴随着后突厥汗国的兴起与强大，黠戛斯也处于发展阶段，双方处于敌对状态。为了扼制黠戛斯的发展势头，后突厥汗国曾经前后两次对黠戛斯展开攻势，致使黠戛斯遭到沉重的打击。因此，中宗朝的来往较少。到唐中宗景龙年间（707—710），黠戛斯再入朝献方物。唐玄宗朝时黠戛斯与突厥的关系稍有缓和，得以数次入朝。开元十五年（727），唐玄宗许于朔方军西受降城（故址位于今内蒙古乌拉特中旗库伦补隆古城）为北方互市之所[②]。玄宗朝时任宰相张九龄《敕突厥可汗书》载：“苏农贺勒兼领坚昆马来，朕以一年再市……赐苏农贺勒下及坚昆使下总二万匹绢，任其市易……其马今并勒令却去。”[③]据此可知，坚昆随突厥入唐交易马匹，唐却没有与之全部交易。其中的缘由，如张九龄再撰《敕突厥可汗书》所言：“去年所将马来，其数倍多，又有诸蕃马来……往者先可汗在日，每年约马不过三四千匹，马既无多，物亦易办。此度所纳，前后一万四千，缘儿初立可汗，朕又约为父子，恩义相及，不可却回，所以总留，计物五十万匹。”[④]由于后突厥等北方各部频繁前来交换马匹，尤其是后突厥连年交易数万马匹，对唐玄宗朝来讲，马价已然成为一种负担。所以，此次唐朝没有与后突厥包括坚昆全部交易马匹。突厥违背了与唐玄宗朝的交易约定，连带坚昆的交易也受到了影响。

天宝三载（744），后突厥汗国灭亡后，黠戛斯与中原唐朝的贸易获得了重新发展的机会。天宝六载（747）四月，“突厥九姓献马一百五十匹，坚昆献马九十八匹”[⑤]。“十二月，九姓坚昆及室韦献马六十匹，令于西受降城使纳之。”[⑥]唐玄宗朝，黠戛斯使者与商队多次往来于西受降城，与唐进行边境贸易。

---

① 《旧唐书》卷5《高宗本纪》，第101页。

② 周清澍：《内蒙古历史地理》第1章“从远古到唐代的内蒙古地区”，内蒙古大学出版社，1994年，第63页。

③ 《全唐文》卷286《张九龄（四）·敕突厥可汗书》，第2903页。

④ 《全唐文》卷286《张九龄（四）·敕突厥可汗书》，第2903页。据《全唐文》载，关于此次唐玄宗不予全部交易马匹的事，张九龄曾连续撰写了三篇《敕突厥可汗书》，此是第二篇。

⑤ 《册府元龟》卷971《外臣部·朝贡四》，第11412页。

⑥ 《唐会要》卷72《马》，第1303页。

唐朝是黠戛斯与中原发生直接联系最密切的王朝，汉文文献记载与出土的唐朝货币，见证了黠戛斯与唐朝的经济往来。叶尼塞地区发现的唐朝漆器、瓷器、犁头、模具、铜镜和钱币等，也足以为证[①]。现藏于今米努辛斯克博物馆的一面唐代“鹊绕花枝镜”，也见证了此间黠戛斯与唐朝的联系。据考察者描述，“铜镜为八出菱花式，圆纽。镜面水银古，局部绿锈；镜背亦包饰水银古，有小面积绿锈，镜背内区纹饰配置有对向布局的四枝花枝，间配对称布局的两只飞鹊、两只站立的鸿雁；外区为八出菱花边，分别对称配置四枝小花枝和四只飞舞的蜜蜂。铜镜形制及装饰内容，与唐代同式鹊绕花枝镜完全一致，是典型的鹊绕花枝菱花形镜”[②]。据考，“鹊绕花枝镜”是唐代最为流行的花式镜之一，且仅流行于唐中宗神龙（705—707）至玄宗天宝年间（742—756）前后，此时正是黠戛斯与唐联系最密切的时期。至于该镜是黠戛斯与唐朝贸易而来，抑或是来自唐朝赏赐，暂不得知。

随着漠北回鹘的逐渐强大，至“乾元中，（黠戛斯）为回鹘所破，自是不能通中国”[③]。黠戛斯遭到回鹘的重创，且回鹘控制着通往中原的道路，黠戛斯与唐朝的联系被迫中断。9世纪初，随着黠戛斯国势的逐渐强大，最终于840年击溃回鹘以后，黠戛斯才重新与唐朝恢复了联系。

综上可见，黠戛斯与唐朝的交流，并不仅仅局限在政治或经济方面，在手工业制造的技术与工艺方面，也存在着交流与影响。吉谢列夫在《南西伯利亚古代史》中指出，黠戛斯的工匠“能够创造性地移植中国、波斯和远方拜占庭的工艺美术标本”[④]。在黠戛斯发现的金盘、漆器、陶器等制品，与同时期唐朝的同类产品有极其类似的工艺与图案，说明黠

---

① ［苏联］C. B. 吉谢列夫：《南西伯利亚古代史》（下册），第131页。出土于814—846年间的钱币有237枚。

② 武仙竹、王照魁：《鹊影菱花满光彩：俄罗斯米努辛斯克盆地古代文明交融新证》，《大众考古》2016年第4期。据考该镜出土于今俄罗斯东西伯利亚克拉斯诺亚尔斯克边疆区南部的米努辛斯克市西南郊的甜菜村附近的一处墓地。孔祥星、刘一曼的《中国古代铜镜》中对该式铜镜有记述外，在湖北十堰博物馆馆藏铜镜、安徽宿州博物馆馆藏铜镜、河南新郑唐墓出土铜镜中，均可见到同式铜镜。该铜镜保存完好，目前，国内仅存的三块同款，品相都不如该镜精美。

③ 《新唐书》卷217下《黠戛斯传》，第6149页。

④ ［苏联］C. B. 吉谢列夫：《南西伯利亚古代史》（下册），137页。

戛斯人与中原王朝存在着长期的交流，双方工匠们的技艺之间也产生了影响。

（二）黠戛斯的其他贸易对象

除了中原地区，黠戛斯还与古代中亚、西亚进行贸易，对外交换的主要物品是中亚文献记载的名贵香料麝香、珍稀动物皮毛、犀牛角等。阿拉伯商人早已知道黠戛斯盛产麝香等名贵稀有特产，并清楚地描述了去黠戛斯的路线。波斯文献记载黠戛斯部落境内的山脉中，有麝、犀牛（角）、灰松鼠和黑豹[①]。“黠戛斯国出产大量麝香，皮毛，Khadang 木，Khalanj 木，和牛角做的刀把”[②]，这些特有的资源，为黠戛斯对外贸易提供了名贵的特产。伊斯兰人的商队不辞遥远来到黠戛斯，只为了交易名贵的麝香[③]。此外，黠戛斯森林资源非常丰富，树木品种也很多，其中“桦尤多”，桦树皮是当时人们生活的必需品，也是与外界交换的主要商品。

黠戛斯注重与外界的交往，用丰富的物产换取自己所需的生活用品，包括奢侈品，因此，黠戛斯对外贸易较为主动、活跃。据《新唐书·黠戛斯传》载，黠戛斯人“女衣毳毼（cùi hé）、锦、罽（jì）、绫，盖安西、北庭、大食所贸售也”[④]。来自各地的商人们，将阿拉伯地区及安西、北庭出产的毳毼、罽等精美的毛织品和锦、绫等华丽精致的丝织物，与黠戛斯人进行贸易以获取其所需。

黠戛斯在发展对外贸易的同时，还充当了护送来往商队保护其安全的角色。因为当时漠北回鹘国势强大并占据交通要道，大食等国家的商队担心遭到回鹘劫掠，所以就转而寻求黠戛斯的保护。史载“大食有重锦，其载二十橐它乃胜，既不可兼负，故裁为二十匹。每三岁一饷黠戛斯”[⑤]。大食出产重锦，一块需要裁成二十匹，用二十峰骆驼才能驼动。因

① 〔波斯〕胡杜德·阿勒·阿拉姆著，王治来、周锡娟译：《世界境域志》第 5 章“关于山脉及其矿产”，第 37 页。

② 〔波斯〕胡杜德·阿勒·阿拉姆著，王治来、周锡娟译：《世界境域志》第 14 章“关于黠戛斯国”，第 66 页。

③ 〔苏联〕威廉·巴托尔德著，罗志平译：《中亚突厥史十二讲》，第 33 页。

④ 《新唐书》卷 217 下《黠戛斯传》，第 6147 页。

⑤ 《新唐书》卷 217 下《黠戛斯传》，第 6149 页。

为时常遭遇漠北回鹘人的劫掠，来往的大食商人借助于黠戛斯人的保护，商队得以顺利通行并贸易，所以，他们每三年都要送一批重锦，作为给黠戛斯的回报。

（三）黠戛斯的赋税

论及黠戛斯的经济，不免涉及其赋税问题。就汉文文献记载而言，相关史料也很零散。但考古发现的实物史料证实，8 世纪以前，黠戛斯人及其属部已经由“内貂鼠、青鼠为赋”，转变为缴纳“金银”，从实物税过渡到以金银为主的货币税。

黠戛斯早期的赋税以实物为主。黠戛斯所处地区林木茂盛，有丰富的野生动物资源。且黠戛斯“人好狩猎”，狩猎是其重要生产方式。早期黠戛斯人“其税输貂皮及青鼠”[①],纳税实物用猎获所得的珍贵动物皮毛，即以“貂鼠、青鼠”为赋[②]。以猎取的动物及其皮毛来抵赋、税的方式，应属于实物税范畴。

8—10 世纪，黠戛斯人的纳税形式发生了变化。因为突厥碑文及黠戛斯出土的部分金属器皿上的铭文，显示出其纳税不再以实物，而代之以金银。黠戛斯科彼内 2 号冢，出土过一个素面小金瓶，瓶底刻了“baglkkms baartimiz（訇的银子，我们交了）”[③]。可知，黠戛斯人要定期以金银纳税，尤其是黠戛斯的属部也同样用金银纳税。另一个出土的小金罐的底部文字是：“altuns(?) ïyacin（金子……阿齐之贡礼）。”[④] 作为黠戛斯的属部，以贡礼的形式用金子纳税。另外，庶民也要向可汗及訇同步缴税。黠戛斯人从早期用猎取的猎物缴纳赋税，到用金银抵税，从实物税改为货币税，折射出黠戛斯经济社会的发展与进步。

① 《太平寰宇记》卷 199《四夷・北狄・黠戛斯》，第 3823 页。
② 《新唐书》卷 217 下《黠戛斯传》，第 6148 页。
③ 〔苏联〕C. B. 吉谢列夫：《南西伯利亚古代史》（下册），第 137 页。
④ 〔苏联〕C. B. 吉谢列夫：《南西伯利亚古代史》（下册），第 137 页。

第六章　黠戛斯与唐朝及北方诸族的关系

黠戛斯与中原政权的联系始于唐代。唐太宗在其地设立了坚昆都督府。从此，黠戛斯与唐朝保持了近百年的隶属关系。天宝末到乾元年间，回鹘汗国阻断通使唐朝的道路交通，黠戛斯一度被迫中断了与唐朝的联系。唐开成五年（840），黠戛斯打败漠北回鹘汗国后，迅速恢复了与唐朝的往来。此间，黠戛斯汗国与唐朝的联系，一方面是数年之间多次派出使者出使唐朝；另一方面是黠戛斯可汗接受唐朝的册封书信，受命制衡回鹘。唐咸通年间，再无黠戛斯与唐联系的记载①。

在中国古代北方民族历史上，匈奴、鲜卑、突厥、薛延陀、回鹘等北方强族相继兴起，迭代更新。黠戛斯及其远祖坚昆与北方诸族均发生过联系，亦曾屡遭征服。最终，黠戛斯击灭漠北回鹘汗国，改变了北方以及中亚地区的政治格局。

第一节　黠戛斯与唐朝的关系

唐朝建立之初，无暇顾及北方各部。随着中原局势的稳定，羁縻策略使北方各部纷纷内附唐朝。唐太宗贞观二十二年（648），坚昆随铁勒入朝内附唐朝，唐太宗遂设立了坚昆都督府，并赐其酋长为坚昆都督、左屯卫大将军职位。后历高宗、中宗、玄宗朝，黠戛斯与唐通使不绝。坚昆都督府与唐朝保持了长达百余年的政治、经济、军事联系。唐乾元年间，黠戛斯被漠北回鹘打击，交通始被隔绝，被迫中断了与唐朝的联系。

黠戛斯与唐的关系，因为族称称谓的不同、历史的变迁等因素，可

① 《新唐书》卷 217 下《黠戛斯传》，第 6150 页。

分为前后两个阶段。唐太宗贞观至肃宗乾元年间，黠戛斯是隶属于唐的坚昆都督府，可视为坚昆都督府与唐朝的关系。840年击败回鹘后，坚昆族名被唐朝文书正式译写为黠戛斯，黠戛斯汗国也发展到鼎盛，故此间的历史联系，应视为黠戛斯汗国与唐朝的关系。双方的联系，以黠戛斯汗国的可汗多次遣使，以求唐朝的册封为主。

一、黠戛斯坚昆都督府时期与唐朝的关系

唐朝建立以后，唐太宗着力经略漠北地区，击败东突厥汗国后，铁勒各部纷纷附属于唐。黠戛斯酋长也随铁勒各部入朝拜见唐太宗，并表达内附的意愿。当朝史官考其为汉代“坚昆”之后，唐太宗遂命名为坚昆都督府，并任命其酋长为都督，从此黠戛斯隶属于唐朝。

自唐贞观三年（629）至永徽元年（650），唐王朝相继击败北部边疆的东突厥汗国、薛延陀汗国、突厥车鼻汗国，并于其故地分别设置羁縻府州，任用各部落首领为诸羁縻府州的都督、刺史。

随着东突厥势力的逐渐削弱，唐朝在北方地区影响的扩大和深入，漠北诸部相继南下与唐朝建立隶属关系。贞观二十二年（648），太宗于灵州召见北方各部君主近千人，设置燕然都护府，“六都督、七州皆隶属”，以此管理漠北铁勒诸部[①]。同年，黠戛斯酋长俟利发失钵屈阿栈，随铁勒各部抵达长安，朝见唐太宗。太宗对黠戛斯酋长的到来格外欢喜，亲召群臣设御宴款待。宴会上，唐太宗笑对群臣说：“往渭桥斩三突厥，自谓功多，今俟利发在席，更觉过之。”[②]俟利发失钵屈阿栈深领太宗意，马上表示“愿得执笏”，表达了黠戛斯向唐称臣的意愿。于是“帝以其地为坚昆府，拜俟利发左屯卫大将军，即为都督，隶燕然都护”[③]。至此，黠

① 《新唐书》卷217上《回鹘传》，第6112页。另据《太平寰宇记》卷199《四夷·北狄·黠戛斯》的早期唐与黠戛斯的两条记载，太宗贞观初年，曾向边疆地区派遣使者“宣慰”北方各族。贞观六年（632），遣偃师尉王义宏出使黠戛斯，这应是唐朝与黠戛斯建立关系的最早记载。贞观十七年（643），黠戛斯脱离东突厥的羁绊之后，派使者入唐“贡貂裘及貂皮”，这应是黠戛斯主动和唐朝发生联系的开端，第3820页。但因无佐证，无法考证属实与否。

② 《新唐书》卷217下《黠戛斯传》，第6149页。

③ 《新唐书》卷217下《黠戛斯传》，第6149页。

戛斯被纳入了唐朝的羁縻府州统治体系之内。唐初设立的管理北方各部的羁縻府州，主要有都护府、都督府、州、县四级，设立府州共计856个[①]。各族首领由中央任命为都护、都督、刺史、县令，皆得世袭。羁縻府州受都护府、边州都督府或节镇统辖。其中，大者设为都督府[②]。坚昆人众数十万，强兵数量也达八万；加之黠戛斯役属的北方各部，其兵数可达三十万。因此，唐朝设立了坚昆都督府。黠戛斯酋长接受唐朝坚昆都督府都督、左屯卫大将军等官职名号，成为唐朝正三品高级武官十六卫之一。其后，黠戛斯受唐朝的羁縻统治，坚昆都督府与唐朝保持了长达百余年的联系。

坚昆都督府与唐朝的隶属关系，主要体现在封赐、从征、纳税等方面。黠戛斯先后有三位君主受封坚昆都督府都督兼大将军。首次入唐的俟利发失钵屈阿栈，被太宗封为左屯卫大将军、坚昆都督。唐高宗时，封结黉蚕匐肤莫贺咄为坚昆都督、左威卫大将军，其衔名石人像位列唐乾陵61番臣之一[③]。唐玄宗开元六年（718），黠戛斯骨笃禄毗伽可汗领有右武卫大将军兼坚昆都督之职，并领军参与唐朝对后突厥的围攻。此外，玄宗在位时，还先后两次封赐坚昆都督府官员。唐玄宗开元十年（722），九月己巳，"坚昆大首领伊悉钵舍友者毕施颉斤来朝，授中郎将"。开元十一年（723），坚昆大首领俱力贫贺志颉斤至唐，唐授以郎将之号[④]。依唐朝惯例，羁縻府州的酋长，一般官员都被拜为将军、中郎将等官。唐朝不仅指定了坚昆都督府的都督，还对其他入朝的首领也予以封授，说明二者是名副其实的隶属关系。

根据唐朝对羁縻府州的规定，坚昆都督府与其他属国一样，属于唐朝的四蕃。按理"其朝贡之仪，亨燕之数，高下之等，往来之命，皆载于鸿胪"[⑤]。唐制北蕃、突厥的朝贡，由隶属于关内道的边州都督、都

---

① 《新唐书》卷43下《地理志七·羁縻州》，第1120页。

② 《新唐书》卷43下《地理志七·羁縻州》，第1119页。

③ 陈国灿：《唐乾陵石人像及其衔名的研究》，《突厥与回纥历史论文选集（1919—1981）》，第381、382页。

④ 《册府元龟》卷975《外臣部·褒异第二》，第11448页。

⑤ （唐）李林甫等撰，陈仲夫点校：《唐六典》卷4《尚书礼部》，中华书局，1992年，第130页。

护掌控。同样，坚昆都督府隶属唐朝关内道，直隶于边州都督、都护，间接隶于诸道节度使。黠戛斯与唐朝的往来事务，均由边州都护、都督，以及后来的边镇节度使直接掌管。黠戛斯是唐朝的藩属，贡赋虽不按户部的要求征缴，但却不能完全免却。黠戛斯以畜牧为主业，贡赋也以牲畜居多。黠戛斯向唐朝献马、交付马匹的地点多在西受降城（故址在今内蒙古乌拉特中旗库伦补隆古城）①。唐高宗和玄宗两朝，黠戛斯多次向唐朝贡献名马②。除了主动奉献，在特殊时期，唐朝边镇将领还直接从坚昆都督府征用军马。例如，在安史之乱之际，唐军军马严重不足，为了补充军马，唐右武卫郎将杨预从坚昆都督府征用大量马匹补充军用，因其"北税坚昆之马"，支援中原平叛有功，而受到唐肃宗的嘉奖③。

坚昆都督府作为唐朝的羁縻府州，不仅对唐朝有实物的贡献，还曾在唐朝非常时期，应诏出兵助唐破敌。开元六年（718），唐派三十万大军进讨后突厥，坚昆都督、右武卫大将军骨笃禄毗伽可汗率众参加征讨，黠戛斯兵众因英勇善战，还受到唐玄宗的夸奖，盛赞其军队"弧矢之利，所向无前"④。此次出兵配合唐朝打击后突厥汗国，黠戛斯军队的战斗力得到了证实。黠戛斯汗国时期，唐昭宗大顺元年（890），黠戛斯又与吐蕃、赫连铎等联合出兵数十万，帮助唐朝平定了沙陀李克用之乱⑤。

二、黠戛斯汗国与唐朝的关系

史载黠戛斯"乾元中，为回纥所破，自是不能通中国"⑥。因回鹘兴起

---

① 周清澍：《内蒙古历史地理》第 1 章"从远古到唐代的内蒙古地区"，第 63 页。

② 《旧唐书》卷 5《高宗本纪》，第 101 页；《册府元龟》卷 971《外臣部·朝贡四》，第 11412 页；《唐会要》卷 72《马》，第 1303 页。

③ （宋）李昉等编：《文苑英华》卷 819《四镇节度副使右金吾大将军杨公神道碑》载"嗣子预，有霸王之略，好倜傥之奇。初以右武卫郎将见于行在，天子美其谈说，问以中兴。遂西聚铁关之兵，北税坚昆之马，起日城，开天郎，特拜左卫将军兼瓜州都督关西兵马使，又迁伊西北庭都护，策茂勋也"，中华书局，1966 年，第 4830 页。

④ 《全唐文》卷 21《元宗（二）·征突厥制》，第 252 页。

⑤ 《资治通鉴》卷 258《唐纪》大顺元年（890），第 8524 页。

⑥ 《新唐书》卷 217 下《黠戛斯传》，第 6149 页。

阻断了黠戛斯与唐朝的交通，使黠戛斯坚昆都督府与唐保持了近百年的联系被迫中断[①]。唐开成五年(840),经过与漠北回鹘汗国数十年的对抗，黠戛斯终结了回鹘汗国的历史，与唐的关系也揭开了新的一页。

(一)黠戛斯汗国数度遣使求封

击溃漠北回鹘汗国后，黠戛斯可汗于唐武宗会昌元年(840)派出使者，谋求恢复与唐朝中断已久的联系，并期望能像回鹘汗国的可汗一样得到唐朝的封号。

唐武宗会昌元年，黠戛斯阿热可汗“遣使者达干奉主来归。乌介怒，追击达干杀之，劫主南度碛，边人大恐”[②]。黠戛斯攻灭漠北回鹘汗国后，阿热可汗就遣使者都吕施合将军达干护送唐朝公主归唐，但使者路遇回鹘不敌而遭截杀。

阿热等不到护送公主返唐的使者，唐朝也没有任何回应。于是，会昌二年(842)冬十月，黠戛斯阿热遂再遣使者踏布合祖等抵唐，与踏布合祖同行的使者，包括达干迈悉禾亥义、判官元因娑拽汗阿已时等共计七人[③]。踏布合祖出行抵达了唐天德军(故址位于今内蒙古自治区巴彦淖尔市临河区高油坊古城，后迁至今内蒙古乌拉特中旗奋斗古城),并未直入长安。踏布合祖等问及前次使者是否护送公主入唐，此时唐朝还不知公主所经历的波折。李德裕撰《代刘沔与回鹘宰相书白》一文，向回鹘宰相询问此事，书言:“(黠戛斯)破灭回鹘之时，收得皇帝女公主。缘

---

① 前已述及黠戛斯汗国早期也参与了唐打击后突厥的军事行动，不过汉文史籍仅以坚昆相称，突厥碑铭早已记为黠戛斯。击溃回鹘后，黠戛斯恢复与唐朝的关系后，汉文史籍才称其为黠戛斯。因此，黠戛斯汗国与唐朝的关系，反映的实为击溃漠北回鹘后双方的来往历史。

② 《新唐书》卷217上《回鹘传》,第6131页;《新唐书》卷217下《黠戛斯传》亦载“阿热以公主唐贵女，遣使者卫送公主还朝，为回鹘乌介可汗邀取之，并杀使者”,第6150页。

③ 《资治通鉴》卷246《唐纪》会昌二年(842),第8089页。《资治通鉴》载:“会昌二年……冬十月，黠戛斯遣将军踏布合祖等至天德军，言‘先遣都吕施合等奉公主归之大唐，至今无声问，不知得达，或为奸人所隔。今出兵求索，上天入地，期于必得’。”黠戛斯使者踏布合祖来朝之事，两《唐书》均未记载，仅见于时任宰相李德裕的《会昌一品集》与司马光所撰的《资治通鉴》。《资治通鉴》的史料，显然源自李德裕的《会昌一品集》。

与大唐本是同姓之国，固不敢留公主，差都吕施合将军送至南朝，至今不知信息。不知得达大唐，为复被奸人中路隔绝。”[①] 李德裕信中转述了黠戛斯使者的疑问，确认护送太和公主的黠戛斯使者与公主还唐之事，方知公主已被回鹘乌介所劫，黠戛斯使者已遭乌介截杀的情况。会昌三年（843）年初，黠戛斯使者踏布合祖携李德裕撰写的《与纥扢斯可汗书》返回，书信中回顾了黠戛斯与唐前期的来往历史，但并没有允诺黠戛斯封汗的请求。

唐武宗会昌三年（843）二月底，黠戛斯使者注吾合素抵达唐都长安，在唐朝上下引起了一阵轰动。《新唐书·黠戛斯传》记载，唐武宗宴请诸藩使臣时，特令注吾合素坐于渤海使者的上位。唐武宗还“诏宰相即鸿胪寺见使者，使译官考山川国风”“又诏阿热著宗正属籍”，并宣布“命太仆卿赵蕃持节临慰其国”[②]。唐武宗诏命宰相赴鸿胪寺召见使者、史官了解黠戛斯国情、阿热著宗正属籍等事。因黠戛斯与唐失去联系过久，李德裕再阅前朝文案之后，又撰写了《进黠戛斯朝贡图传状》，对朝臣所绘制并撰写的图文予以说明[③]。

李德裕上奏，请依太宗朝惯例记录域外各族来朝的情况。故此，太宗命会昌太子詹事韦宗卿、祕书少监吕述等前往使者所在鸿胪馆舍询问黠戛斯详情，绘图并配以撰文，以便圣览。又诏大臣为使者注吾合素等画像，做成《黠戛斯朝贡图》，吕述还撰写了《黠戛斯朝贡图传》一卷，以记录黠戛斯人的体貌特征与着装[④]。李德裕亲自作序解释如此重视黠戛斯使者来朝的缘由，乃是依照前朝惯例行事[⑤]。

在黠戛斯与唐朝的联系中断达半个多世纪后，会昌年间，黠戛斯派使者再次来朝，在唐武宗朝引起了极大的反响。不仅成为武宗炫耀功绩的话题，其后唐朝的官方公文也一再提及。如《上尊号玉册文（会昌五

---

① 《会昌一品集》卷 8《代刘沔与回鹘宰相书白》，第 53 页。

② 《新唐书》卷 217 下《黠戛斯传》，第 6150 页。

③ 《会昌一品集》卷 18《进黠戛斯朝贡图传状》，第 120 页。《新唐书》《宋史》等艺文志都有收录。

④ 《新唐书》卷 58《艺文志·地理类》载“高少逸四夷朝贡录十卷；吕述黠戛斯朝贡图传一卷”，第 1508 页。

⑤ 《会昌一品集》卷 2《黠戛斯朝贡传图序》，第 15 页。

年)》讲道:“坚昆稽首,鞮译来献。”[①]《仁圣文武至神大孝皇帝真容赞(并序)》提到:“西伏坚昆,稽首称臣。”[②]甚至还载入了《武宗皇帝遗诏》:“朕以寡备,祗守丕业,恭临万宇,迨兹七年。夙夜忧勤,聿修大政,铲除黠虏,通款坚昆,诛稹壶关,擒弁并部。”[③]可见,黠戛斯恢复与唐的联系,无论对黠戛斯还是唐武宗朝都具有重要意义。

会昌三年(843),黠戛斯使者注吾合素在唐都长安期间,刚好唐朝将军救回了太和公主,注吾合素又在唐使陪同下前往太原迎接公主,“帝遂遣中使送注吾合素往太原迎公主”[④]。“主次太原,诏使劳问系涂,以黠戛斯所献白貂皮、玉指环往赐”[⑤]。被回鹘乌介可汗劫掠的太和公主,四年后方得以返唐。武宗将黠戛斯贡献的白貂皮、玉指环,赐予太和公主。从840年,黠戛斯阿热遣使者护送大唐公主归唐,至此,黠戛斯使者注吾合素才得以见证了太和公主的回归。

会昌三年(843)三月,唐朝“以太仆卿赵蕃为安抚黠戛斯使”[⑥],与黠戛斯使者注吾合素同行,前往黠戛斯宣慰。李德裕亲撰《与黠戛(斯)王书》,交与注吾合素带回,以回复黠戛斯可汗来使之请,但并未应允册封一事。

会昌四年(844),黠戛斯派第四位使者温仵合入朝。与踏布合祖一样,温仵合来朝一事,两《唐书》也无记载。见于李德裕撰写的《会昌一品集》,并为《资治通鉴》所载:“黠戛斯可汗遣将军温仵合入贡。上赐之书,谕以速平回鹘、黑车子,乃遣使行册命。”[⑦]同时,黠戛斯使者入唐的史实,李德裕《代李丕与郭谊书》亦载:“近黠戛斯国王遣将军百余人入朝,请发本国兵四十万众,袭逐可汗,擒送京阙。”[⑧]览书可见,入朝

① 《会昌一品集》卷1《上尊号玉册文(会昌五年)》,第8页。
② 《会昌一品集》卷1《仁圣文武至神大孝皇帝真容赞(并序)》,第8页。
③ 《全唐文》卷76《武宗皇帝遗诏》,第804页。
④ 《旧唐书》卷18上《武宗本纪》,第595页。
⑤ 《新唐书》卷83《定安公主传》,第3669页。
⑥ 《资治通鉴》卷247《唐纪》会昌三年(843),第8097页。会昌五年(845),李德裕与黠戛斯的回书,印证了宣慰使出使黠戛斯之事。
⑦ 《资治通鉴》卷247《唐纪》会昌三年(843),第8107页。
⑧ 《会昌一品集》卷9《代李丕与郭谊书》,第58页。

的黠戛斯使者大约有百余人，人数大大超过了前两次。温仵合携带黠戛斯可汗致唐的书信，展示了黠戛斯汗国与唐朝结好的愿望，并求尽快获得封册。同时也表示，如果唐朝需要，愿意“发本国兵”协助唐朝对回鹘用兵，借以消除唐朝对南迁回鹘骑兵压境的顾忌。从李德裕撰《与黠戛斯可汗书》中回复黠戛斯可汗可知，第四位黠戛斯使者仍未完成获得册封的使命。

会昌五年（845）二月，黠戛斯阿热收到使者温仵合携回的书信，阅后仍未放弃求封的意愿。第五次派遣使者谛德伊斯难珠入朝，使者身负再次落实联合打击回鹘并求得到册封两项使命。这也是为了得到唐朝的可汗封号，黠戛斯派出的最后一位使者①。武宗赐诏，谕以：“今秋可汗击回鹘、黑车子之时，当令幽州、太原、振武、天德四镇出兵要路，邀其亡逸，便申册命，并依回鹘故事。”②黠戛斯使者谛德伊斯难珠将军等，携国书并献白马二匹，入唐再次向唐朝表述请求。武宗许以出兵邀击回鹘、黑车子室韦，事成之后可依照对回鹘册封的惯例，予以黠戛斯封册。黠戛斯使者临行之时，带回了李德裕撰写的《赐黠戛斯书》。依此书信可见黠戛斯使者来书中阿热可汗的疑惑，以及双方的交流出现了沟通不畅的问题③。黠戛斯阿热来信中提到了五件事：“来书云：‘温仵合将军归国后，汉使不来。’温仵合去日，朕书具云：‘速遣报章，此当遣重臣册命。’自是可汗未谕此意，报答稍迟。此则寻欲遣使，只是延望来信。”温仵合将军归国时，武宗曾在其带回的《与黠戛斯可汗书》中，应允“即宜速遣报章，当遣重臣册命”，本是敷衍之词，未知黠戛斯可汗已当真，因此，责问汉使为何不来。由于语言翻译的障碍所限，黠戛斯可汗并不解“即宜速遣报章，此当遣重臣册命”的真正含义，故此，对唐

① 《旧唐书》卷 18 上《武宗本纪》，第 596 页；岑仲勉所著《李德裕〈会昌伐叛集〉编证上》，考证为会昌四年（844），载《岑仲勉史学论文集》，中华书局，1990 年，第 447、448 页；《资治通鉴》卷 247《唐纪》亦载为唐武宗会昌四年（844），第 8121 页；《册府元龟》卷 972《外臣部·朝贡第五》的记载“三年（843），黠戛斯遣使谛德伊斯珠来朝”当是误记，应是会昌五年（845），第 11419 页。

② 《资治通鉴》卷 247《唐纪》会昌四年（844），第 8121 页。

③ 《会昌一品集》卷 6《赐黠戛斯书》，第 36、37 页。

朝不履行承诺，提出了质疑。“又云：‘金石路已隔绝。’盖为山川悠远，未得自与可汗封壤接连，非是两国之情，犹有阻隔。想可汗明识，无复致疑。”[①]面对黠戛斯可汗的质疑，李德裕再三申明唐朝的用意所在，期望重新恢复黠戛斯对唐的信任与诚意。“又云：‘两地遣书，彼此不会。’且书不可以尽言，言不可以尽意。况蕃汉文字，传译不同，只在共推赤心，永保盟好，岂必缘饰词语，以此交欢。每欲思惟先思好意，不更疑惑，便是明诚。”[②]再次可见，因理解不同，双方交流出现了问题。“又云：‘欲除去两楹间恶刺。’此一事最是嘉言……所云请发兵马期集去处，缘黑车子犹去汉界一千余里，在沙漠之中，从前汉兵未尝到彼。比闻回鹘深意，常欲投窜安西。待至今秋，朕当令幽州、太原、振武、天德缘边四镇要路出兵。料可汗攻讨之时，回鹘必当潜遁，各令邀截，便可枭擒。此是军期，须合符契。想可汗必全大信，用叶一心。”[③]至此可见，唐与黠戛斯双方就秋天出兵合击回鹘一事，达成了一致。“来书又云：‘送公主到彼，无一语来。’缘公主才离可汗五日，便被回鹘劫夺，所遣来使，尽被杀伤。公主二年之中，流离沙漠，事已隔远，所以不再叙言。然赵蕃去日，已具感悦之心，足表殷勤之意。”[④]从中可知，太和公主是黠戛斯与唐重建联系的纽带，因此，唐与黠戛斯的回书中，每每都提及公主，此外，也感念黠戛斯救得并送公主归唐的情谊。

最后，武宗强调册命之事已与使者沟通。并言：“谛德伊斯难殊（珠），朕已于三殿面对，兼赐宴乐，并依来表，不更滞留。朕续遣重臣，便申册命。故先达此旨，令彼国明知。册命之礼，并依回鹘故事。可汗爰始立国，临长诸蕃，须示邻壤情深，宗盟义重。”[⑤]至此，唐武宗终于许诺了“册命之礼，并依回鹘故事”，但并未确定具体何时册封。

从唐开成五年（840）至会昌五年（845），黠戛斯首次遣使入唐，因路遇回鹘乌介可汗，使者殒命而未抵达。其后又连续四度遣使求封，均未获允。此后，黠戛斯与唐联系的时间，止于唐咸通年间。

---

① 《会昌一品集》卷6《赐黠戛斯书》，第36页。

② 《会昌一品集》卷6《赐黠戛斯书》，第36、37页。

③ 《会昌一品集》卷6《赐黠戛斯书》，第37页。

④ 《会昌一品集》卷6《赐黠戛斯书》，第37页。

⑤ 《会昌一品集》卷6《赐黠戛斯书》，第37页。

黠戛斯击溃回鹘牙帐后，屡次遣使求封未果。影响唐对黠戛斯册封的主要因素，在于唐与回鹘的关系及其影响，左右了唐对黠戛斯册封的决断。唐朝之所以一拖再拖且态度隐晦，原因就在于对回鹘的顾忌。

其一，因为唐与回鹘的历史渊源深厚，唐武宗仍对回鹘寄予复国之望。

唐与回鹘的关系，正如李德裕所言："近则回鹘结大国之援，雄长北蕃，诸部率从，莫敢不服，一隅安乐，百有余年。"① 可知回鹘在漠北称雄已久，与唐关系较为密切。回鹘与唐朝非同一般的关系，缘于"回鹘当中国伐叛之时，尝展勋力，列圣嘉其大顺，累降姻亲"②。唐天宝年间的"安史之乱"之际，全赖回鹘出兵助剿，唐得以恢复基业。唐历朝帝王对回鹘可汗，都册以相应的中原封号并与之和亲。

唐文宗开成五年（840），回鹘国破后，部众纷纷西迁南下。《旧唐书·回纥传》载，会昌初年，相次降于幽州的十余部，武宗诏配于诸道。回鹘特勤嗢没斯、阿历支、习勿啜三部，回鹘相爱耶勿弘顺、回鹘尚书吕衡等诸部降于振武军。武宗皆赐三部首领姓李氏，充归义使。近二十部南下回鹘，至唐边不久都先后降于唐。仅有五部分别西奔吐蕃、东走室韦。

唐德宗会昌元年（841），回鹘乌介部南下后，因质唐公主而奏请将天德城借与太和公主居住，武宗未允。二月，南下的乌介拥众十三部，自立为回鹘可汗。乌介又先后兼并了不服于己的回鹘相赤心、特勤那颉啜等部，称众十万③。

会昌元年（841）十一月初，李德裕上《请遣使访问太和公主状》

---

① 《会昌一品集》卷6《与黠戛斯可汗书》，第35页。

② 《会昌一品集》卷6《与黠戛斯可汗书》。回鹘汗国历史上，共计13世可汗，相继有12位都接受过唐朝的封号，唐朝对回鹘可汗的册封，为北方各部之最。唐朝与回鹘和亲多达8次，分别是至德元年（756），回鹘毗伽公主赴唐和亲。乾元元年（758），唐肃宗次女宁国公主出降回鹘英武威远毗伽可汗。乾元二年（759），唐小宁国公主和唐将仆固怀恩之女（毗伽可敦）和亲。大历四年（769），崇徽公主出降回鹘。贞元四年（788），唐德宗第八女咸安公主和亲回鹘。贞元五年（789），叶公主（仆固怀恩之孙女）和亲。长庆元年（821），唐穆宗以其妹宪宗女太和公主和亲回鹘，出降回鹘登罗骨没施合毗伽可汗。

③ 《旧唐书》卷195《回纥传》，第5214页。

言："今回鹘国已破亡，公主未知所在。"[①]上奏书欲访寻公主。同月，受质于乌介的太和公主遣使入朝，上表请依惯例求唐册命乌介。十二月，武宗遣右金吾大将军王会等慰问回鹘，并赈米二万斛[②]。李德裕撰《遣王会等安抚回鹘制》称"回鹘累代姻亲，久修臣礼"，今"告穷请命"，以"再复旧疆，永保恩好"宣慰回鹘[③]。可见，唐武宗对回鹘复国曾寄予期望。会昌二年，欲遣使册乌介可汗，因乌介可汗"屡侵扰边境"而止[④]。乌介甚至还"频劫东陕已北，天德、振武、云朔，比罹俘戮"[⑤]。致使公主册命回鹘乌介可汗之请，也终未实现。

会昌二年（842），当黠戛斯使者入朝时，李德裕因回鹘与唐的密切关系，不仅通报了回鹘，还泄露了黠戛斯防御回鹘的措施。皆因回鹘乌介有复国的迹象，令唐武宗曾对其复国抱有期许。李德裕《代刘沔与回鹘宰相书白》言："昨者二千骑送踏布合祖至碛北，令累路逢着回鹘即杀。踏布自本国至天德西城，更不逢着回鹘一人，无可杀戮。又恐回鹘与吐蕃通信，已令兵马把断三河口道路，则筹略兵马之势，揣度可知。"[⑥]同时，李德裕还将黠戛斯给大唐的来函抄录一份，连同他的信一并送与回鹘宰相，可见唐朝对黠戛斯使者来访，并没有引起足够的重视，反而劝诱并安抚回鹘乌介可汗归唐。回鹘刚刚为黠戛斯所破，于情于理大唐都不可能马上册封黠戛斯，应允册封与否，必然触及唐与回鹘的关系，基于唐朝对回鹘复国还抱有期望，唐武宗难以马上应允对黠戛斯的册封。

其二，唐武宗欲利用黠戛斯牵制和削弱回鹘，故不能轻易册封。

《旧唐书·回纥传》载，南下回鹘十三部以乌介为可汗，乌介兼并了回鹘部众多达十余万，后又"驻牙大同军北闾门山，时会昌二年秋，频劫东陕已北，天德、振武、云朔，比罹俘戮"[⑦]。面对回鹘十余万大

---

① 《会昌一品集》卷 13《请遣使访问太和公主状》，第 84 页；《资治通鉴》卷 246《唐纪》会昌元年（841）亦载"今回鹘破亡，太和公主未知所在"，第 8078 页。

② 《资治通鉴》卷 246《唐纪》会昌元年（841），第 8079 页。

③ 《会昌一品集》卷 3《遣王会等安抚回鹘制》，第 16 页。

④ 《资治通鉴》卷 246《唐纪》会昌二年（842），第 8080 页。

⑤ 《旧唐书》卷 195《回纥传》，第 5214 页。

⑥ 《会昌一品集》卷 8《代刘沔与回鹘宰相书白》，第 53 页。

⑦ 《旧唐书》卷 195《回纥传》，第 5214 页。

军，唐武宗仅仅采取了“诏诸道兵悉至防捍”，部署河东节度使刘沔充南面招控回鹘使，以幽州节度使张仲武充东面招控回鹘使等措施。乌介胁迫公主至唐边在前，后又在唐边劫掠不已。以往的回鹘可汗唐朝都予以册封，但唐武宗并没有对乌介予以册封，也始终没有与回鹘正面对决。

直到乌介挟公主久居唐边却不归于唐，甚至杀戮边民，唐朝对乌介的态度才逐渐发生了转变。会昌三年二月，“遣石雄袭回鹘牙帐，雄大败回鹘于杀胡山，乌介可汗被创而走。已迎得太和公主至云州”。太和公主被解救，武宗方御宣政殿，临朝受百僚称贺。武宗制曰：“回鹘比者自恃兵强，久为桀骜，凌虐诸部，结怨近邻……朕念其衰残，寻加赈恤。每陈章表，多诈谀之词；接我使臣，如全盛之日。无伤禽哀鸣之意，有困兽犹斗之心。去岁潜入朔川，大掠牛马；今春掩袭振武，逼近城池。可汗皆自率兵，首为寇盗，不耻破败，莫顾姻亲。”[①]武宗历数回鹘乌介窃号自立可汗，以德报怨的行径，对回鹘的怀柔之心，被回鹘的所为彻底打破。鉴于此，如果没有彻底消灭回鹘，唐朝就率先册封黠戛斯可汗以封号，一则会引起回鹘乌介的不满，二则恐怕不能让北方各族信服并听命于黠戛斯。唐武宗既然没有依惯例册封回鹘可汗，对黠戛斯的册封自然也不能马上兑现。

因此，李德裕转交第二位使者的书信中，先向黠戛斯可汗告知“（回鹘）即来侵掠，恣为边患”，以回鹘与黠戛斯的恩怨为由，敦促黠戛斯可汗“须尽残夷，傥留余烬，必生后患”。表示唐对回鹘已有“久欲除翦”之愿[②]，劝诱黠戛斯可汗应该具备彻底剪除回鹘残余的斗志。会昌三年三月，第三位使者返回时带回的《与黠戛（斯）王书》中，李德裕再一次强调了回鹘务必尽力的理由，并暗示“又虑侵彼封疆，将复仇怨，国王亦须严为备拟，善设机谋，同务讨除，尽其根本，无贻后患，勉继前修”[③]。李德裕提醒黠戛斯可汗，如果回鹘复国后果难料，督促黠戛斯为防止回鹘复仇，必须对其讨除。会昌四年，第四位使者入朝，武宗“谕

---

① 《旧唐书》卷18上《武宗本纪》，第594页。

② 《会昌一品集》卷6《与纥扢斯可汗书》，第34页。

③ 岑仲勉：《李德裕〈会昌伐叛集〉编证上》，《岑仲勉史学论文集》，第435页。

以速平回鹘、黑车子，乃遣使行册命”[①]。此时，乌介可汗走投黑车子，武宗“诏黠戛斯出兵攻之”[②]。此前，鉴于回鹘与唐的关系，加之公主为质于回鹘，唐武宗一直隐忍不战。黠戛斯使者再来求封，武宗就以平定回鹘和与之相伴的黑车子为行册命的条件。会昌五年二月，第五位使者来朝，武宗赐诏，谕以“今秋可汗击回鹘、黑车子之时，当令幽州、太原、振武、天德四镇出兵要路，邀其亡逸，便申册命，并依回鹘故事”[③]。此次，唐不仅与黠戛斯约定了共击回鹘的时间，还提出了出兵计划。表明如果黠戛斯能及时合兵出击，唐不仅践行承诺予以册封，而且册封的礼数还会与回鹘相当。借此，唐欲以黠戛斯兵力清除回鹘在唐朝的边患的寓意就更加明了了。

其三，唐武宗顾忌黠戛斯会重蹈回鹘对唐恃功自傲、连年市马无度的覆辙，因而迟迟不予册封。

回鹘自“安史之乱”后，自恃助唐平乱有功。因此，回鹘可汗在国门勒石记功，说：“唐使来，当使知我前后功。”[④]以醒示唐人不忘回鹘助唐平乱之事。回鹘虽出兵助剿“安史之乱”而有功于唐，但对唐也造成了诸多困扰，如兵众之扰，仅以唐代宗广德元年（763）的两条史料为例，史载：“有回纥十五人犯含光门，突入鸿胪寺，门司不敢遏。”[⑤]“回纥登里可汗归国，其部众所过抄掠，廪给小不如意，辄杀人，无所忌惮。”[⑥]回鹘的不羁行为对唐朝的统治也造成了不利的影响，对唐朝君臣来讲也是难以容忍的事。

此外，回鹘与唐朝的绢马贸易中，所市马匹数量庞大造成唐朝欠下巨额马价绢。《唐会要》载：“回纥恃功。自乾元后，仍岁来市，以马一匹易绢四十匹。动至数万马。其使候遣。继留于鸿胪寺者非一番，人欲

---

① 《资治通鉴》卷 247《唐纪》会昌三年（843），第 8107 页。前文可见，会昌三年（843），公主已返唐。

② 《旧唐书》卷 18 上《武宗本纪》，第 595 页。

③ 《资治通鉴》卷 247《唐纪》会昌五年（845），第 8121 页。

④ 《新唐书》卷 217 上《回鹘传》，第 6123 页。

⑤ 《资治通鉴》卷 222《唐纪》广德元年（763），第 7259 页。

⑥ 《资治通鉴》卷 222《唐纪》广德元年（763），第 7260 页。

帛无厌。我得马无用。朝廷甚苦之。”[①] 因此，唐代宗大历年间曾试图减少市马，如大历元年（766），回纥赤心请市马万匹，“有司以财乏，止市千匹。（郭）子仪曰：‘回纥有大功，宜答其意，中原须马，臣请内一岁奉，佐马直。’诏不听，人许其忠”[②]。由于回鹘连年赴唐市马，致使其国库空虚。大臣郭子仪愿以年俸充马价，国家财力之匮乏可见一斑。大历八年（773），回鹘再派遣一商队，赶着一万匹马来到唐朝请求互市。唐代宗因为费用过大，且“不欲重困于民，命有司量入计，许市六千匹”[③]。唐德宗建中三年（782），大臣源休奉使回鹘，回鹘可汗声称唐“所欠吾马直绢一百八十万疋，当速归之”。并派出使者入唐索要，使者返回时，唐德宗诏：“与之帛十万疋、金银十万两，偿其马直。”[④] 实际上，唐给予回鹘的回报，如李德裕所言：“岁赐缯二万疋。厥后饰宗女以配之，立宫室以居之。其在京师也，瑶祠云构，甲第棊布，栋宇轮奂，衣冠缟素，交利者风偃，挟邪者景附。其翎侯贵种，则被我文绘，带我金犀，悦和音，厌珍膳，蝎蠹上国，百有余年。既而桀骜无亲，天命不佑，僭侈极欲，神道恶盈。”[⑤] 除了丰厚的馈赠，还有巨额的马价绢，已然成为唐庭的不堪之负。

会昌三年（843），黠戛斯使者注吾合素入朝，唐武宗对其优待有加。唐武宗本应加册黠戛斯可汗，但却犹豫不决。不予册封的根本原因，正如《资治通鉴》所载：“上恐加可汗之名即不修臣礼，蹈回鹘故事求岁遗及卖马，犹豫未决。德裕奏：‘黠戛斯已自称可汗，今欲借其力，恐不可吝此名。回鹘有平安、史之功，故岁赐绢二万匹，且与之和市。黠戛斯未尝有功于中国，岂敢遽求赂遗乎！若虑其不臣，当与之约，必如回鹘称臣，乃行册命；又当叙同姓以亲之，使执子孙之礼。’上从之。”[⑥] 李德裕则认为，黠戛斯阿热已然自称可汗，建议唐武宗不妨赐予唐的封号。

① 《唐会要》卷 72《马》，第 1303 页；同类记载见《册府元龟》卷 999《外臣部·互市》，第 11727 页。

② 《新唐书》卷 137《郭子仪传》，第 4607 页。

③ 《册府元龟》卷 999《外臣部·互市》，第 11727 页。

④ 《旧唐书》卷 127《源休传》，第 3575 页。

⑤ 《会昌一品集》卷 2《幽州纪圣功碑铭（并序）》，第 11 页。

⑥ 《资治通鉴》卷 247《唐纪》会昌三年（843），第 8096 页。

首先，黠戛斯并没有像回鹘那样对唐有功，也不至于居功自傲，不臣于唐。再者，为了约束黠戛斯不致重蹈回鹘覆辙，不妨先令黠戛斯称臣，再以同姓为由加以羁绊。李德裕的考虑虽然很周全，唐武宗也认为有道理，但仍未准封。

会昌四年（844），第四位使者入朝时，李德裕撰写的《与黠戛斯可汗书》中遵照武宗圣意，以黠戛斯既然已得到太宗的厚爱，并授予过左屯卫将军、坚昆都督职位，美其名曰“况坚者不朽之名，昆者有后之称”[①]，暗示其应该遵循太宗朝的先例，保持原有的称号为好，没有必要再行册封，以此敷衍黠戛斯对可汗封号的求取。

会昌五年（845），李德裕《上尊号玉册文（会昌五年）》言：“曩者北狄（回鹘）矜功，耗蠹中国，种类磐牙，根柢封殖，异术肺腑，缟衣如荼，挟邪作蛊，浸淫宇内，倒悬不解，百有余年。”[②]“安史之乱”后回鹘对唐朝的困扰，直到会昌年间依然存在。回鹘乌介可汗南下，武宗仍“尽还马价”；回鹘与唐往来的使者皆言乌介可汗“只待马价，及令付之”[③]。可见，唐武宗仍受回鹘之困。回鹘虽已败亡但其种类未尽，尚介居唐与黠戛斯之间（此为武宗泛言）[④]。黠戛斯须助唐彻底解除回鹘的困扰，故此，晓谕黠戛斯“今回鹘是国家叛臣，为可汗仇敌，须去根本，方保永安”[⑤]，督促黠戛斯要采取行动。武宗君臣承诺剪除回鹘余众之后，“册命之礼，并依回鹘故事”[⑥]。消灭回鹘依然是黠戛斯获得册封的前提，而且，因为唐朝对回鹘的册封已成惯例，即便是册封黠戛斯可汗，也会参照对回鹘封册的礼数而行。

直至唐宣宗朝，其与谋臣商议册封时，大臣们虽然认为“黠戛斯小种，不足与唐抗”，但仍不免担忧“回鹘盛时有册号，今幸衰亡，又加黠戛斯，后且生患”[⑦]。回鹘恃功自傲的种种行径，令唐朝众臣心有余悸。如

① 《会昌一品集》卷6《与黠戛斯可汗书》，第35页。
② 《会昌一品集》卷1《上尊号玉册文（会昌五年）》，第8页。
③ 《旧唐书》卷18上《武宗本纪》，第592页。
④ 《会昌一品集》卷6《与黠戛斯可汗书》，第35页。
⑤ 《会昌一品集》卷6《与黠戛斯可汗书》，第35页。
⑥ 《会昌一品集》卷6《赐黠戛斯书》，第37页。
⑦ 《新唐书》卷217下《黠戛斯传》，第6150页。

今回鹘被黠戛斯所破，对唐朝而言可谓幸事，再授予黠戛斯可汗以封号，难料以后也会不修臣礼，重蹈回鹘覆辙。鉴于回鹘的因功不臣，直接影响了唐朝对黠戛斯求封之请的态度，因而犹豫不决，迟迟不予册封。

（二）唐朝对黠戛斯可汗的册封

虽然屡次求封不得，黠戛斯可汗仍愿意与唐协力清剿回鹘残余，表示“愿乘秋马肥击取之，表天子请师”[①]。此时，黠戛斯正集中兵力西征，已无力南下，尽管如此，黠戛斯可汗还是向唐请准发兵时间与集会之地，唐朝的答复是：“所云请发兵马期集去处，缘黑车子犹去汉界一千余里，在沙漠之中，从前汉兵未尝到彼，比闻回鹘深意，常欲投窜安西，待至今秋，朕当令幽州、太原、振武、天德缘边四镇要路出兵。”[②]武宗应黠戛斯之请，邀兵约定秋季共剿回鹘余众，至此，黠戛斯与唐也总算达成一点共识。

由于黠戛斯急于得到册封，并愿意与唐合兵作战，武宗也想假借黠戛斯的力量，乘机收复沦陷吐蕃的“河、陇四镇十八州”。此外，鉴于太和公主已回归大唐，南下回鹘余众已经所剩无几了，唐庭也已再无对回鹘的后顾之忧。会昌五年（845），唐武宗“乃以右散骑常侍李拭使黠戛斯，册君长为宗英雄武诚明可汗”[③]，拟向黠戛斯颁行《黠戛斯为可汗制》：

> 敕我国家光宅四海，君临八荒，声教所覃，册命咸被。况乎族称宗姓，地接封疆，爰申建立之恩，用广怀来之道，有加常典，得不敬承。黠戛斯国生穷阴之乡，禀玄朔之气。少卿之后，胄裔且异于蕃夷；大漠之中，英杰自雄于种落。日者居于绝徼，隔以强邻，空驰向化之心，莫通事大之体。旋能奋其武勇，清彼朔陲，万里归诚，重译而至。时既当于无外，义必在于固存，是用特降徽章，载明深恳。加其美号，锡以丹书，贻厥后昆，遂荒有北。举兹盛典，彰示远戎，咸服宠光，永孚恩化。可册为宗英雄武明诚可汗，命右散骑常侍兼御史中丞李拭

① 《新唐书》卷217下《黠戛斯传》，第6150页。

② 《会昌一品集》卷18《振武节度使李忠顺与臣状一道》，第116页。

③ 《新唐书》卷217下《黠戛斯传》，第6150页。

持节充册立使。仍命有司择日备礼册命[①]。

除了撰写册封的诏书、任命使者以外，唐朝还做了一番军事部署，以确保此次唐顺利遣使黠戛斯。李德裕《会昌一品集》载："缘朝廷册命黠戛斯，恐回鹘可汗必怀嫉妒，与诸小番合势遮截汉使，请令汉兵且于天德住待，计会黠戛斯兵马迎接，方可进发。"[②]此时，回鹘虽然大势已去，但余众尚存，回鹘恐难以接受唐对黠戛斯的册封，因而不得不防。至此，再次表明回鹘对唐册封黠戛斯一事的反应，左右了唐对黠戛斯册封的决断。然而，适时武宗驾崩，册封黠戛斯可汗的使者遂"以国丧未行"，册封暂时搁浅。

唐宣宗继位，鉴于黠戛斯对获得唐朝册封的诚意，又重提黠戛斯可汗封号问题："或谓黠戛斯小种，不足与唐抗……皆曰：'回鹘盛时有册号，今幸衰亡，又加黠戛斯，后且生患。'乃止。"[③]往日回鹘因功受封导致对唐不恭，且"求索无倪"，这仍然是唐宣宗朝君臣的主要顾忌，也再次影响到唐对黠戛斯的册封。

此时，乌介余众人心涣散，有投奔西迁回鹘的动向。乌介与室韦联姻以求得支持，但被宰相美权者逸隐啜，逼杀于金山。其弟特勒遏捻继任可汗，转而依附奚王硕舍朗。唐宣宗大中元年（847）春，张仲武大破奚众，依附于奚的回鹘部众失去了物质供给[④]。此时，西迁回鹘的庞勒（庞特勤）也已自称可汗，并拥有碛西诸城，乌介可汗余众皆有意西奔回

---

① 《唐大诏令集》卷128《蕃夷·绥附·黠戛斯为可汗制》，第692页，此处可汗号，诸史记载略有差异。《新唐书·黠戛斯传》载唐武宗拟封其可汗为"宗英雄武诚明可汗"，第6150页；《资治通鉴》卷248《唐纪》会昌五年（845），也载其拟封为"宗英雄武诚明可汗"，第8137页；《新唐书》与《资治通鉴》的记载相同，但《新唐书·黠戛斯传》与《资治通鉴》均不载此诏书，诏书仅见于《唐大诏令集》与《全唐文》，均载拟封其可汗号为"宗英雄武明诚可汗"，第801页。但《全唐文》载其诏书的题目亦与《唐大诏令集》不同，名为《立黠戛斯为可汗制》。诸史记载因何略有出入，暂不得考。考《唐大诏令集》成书于宋时，早于《全唐文》，故应以《唐大诏令集》为准。

② 《会昌一品集》卷18《振武节度使李忠顺与臣状一道》，第116页。

③ 《新唐书》卷217下《黠戛斯传》，第6150页。

④ 《旧唐书》卷195《回纥传》，第5215页。

鹘庞特勤可汗[①]。大中元年五月，“吐蕃论恐热乘武宗之丧，诱党项及回鹘余众寇河西”[②]。吐蕃联合党项与回鹘余众有进攻河西之势，南下回鹘又有西奔庞特勤的动向，若双方合兵，则后果难料。此时，黠戛斯就成为助唐化解危机的希望，基于此，唐朝决定册封黠戛斯可汗。

至大中元年六月，唐宣宗“卒诏鸿胪卿李业持节册黠戛斯为英武诚明可汗”[③]。黠戛斯受封可汗后唯一一次在漠南出现，并非与唐合兵的军事行动，而是与室韦部争夺回鹘余众。大中二年（848），回鹘乌介可汗被杀后，回鹘“唯存名王贵臣五百人已下，依室韦。张仲武因贺正室韦经过幽州，仲武却令还蕃，遣送遏捻等来向幽州。遏捻等惧，是夜与妻葛禄、子特勤毒斯等九骑西走，余众奔之不及，回鹘诸相达官老幼大哭。室韦分回鹘余众为七分，七姓室韦各占一分”[④]。回鹘余众依附于室韦，张仲武又至室韦，令回鹘余众返还漠北。乌介子惧而西走，余众被室韦瓜分。适时，黠戛斯宰相阿播“领诸蕃兵称七万，从西南天德北界来取遏捻及诸回鹘，大败室韦。回鹘在室韦者，阿播皆收归碛北”[⑤]。至于黠戛斯与唐武宗秋后合兵的约定，史册并不见载。

从唐文宗开成五年（840）至唐宣宗大中元年（847），历经八年，黠戛斯四度派出使者到唐请求册封，至此，黠戛斯终于得到唐朝的册命。唐遣使册封黠戛斯之事，不仅史册有载，还反映在唐代的文学作品中。诗人赵嘏曾作《送从翁中丞奉使黠戛斯六首》，其中一句“料得坚昆受宣后，始知公主已归朝”[⑥]。结合史实，可知此诗当写于武宗派出的赵蕃出使之时。因为黠戛斯与唐相距遥远，赵嘏有朋友随行出使，为了给朋友送行即兴赋诗相赠，既表达对朋友的深情厚谊，又对公主的回归而庆贺。

---

① 《旧唐书》卷195《回纥传》，第5215页。

② 《资治通鉴》卷248《唐纪》大中元年（847），第8152页。

③ 《新唐书》卷217下《黠戛斯传》，第6150页。前此，武宗给黠戛斯的封号是“宗英雄武诚明可汗”；宣宗给其封号是“英武诚明可汗”。相较唐武宗给的封号，少了“宗”“雄”二字，表明了唐朝对黠戛斯的册封，略有情非得已之嫌。

④ 《旧唐书》卷195《回纥传》，第5215页。

⑤ 《旧唐书》卷195《回纥传》，第5215页。

⑥ 《全唐诗》卷550第65首，赵嘏：《送从翁中丞奉使黠戛斯六首》，第17册，第6373、6374页。

840年黠戛斯击溃回鹘后，陆续向唐派出使者，847年得到唐朝的册封之后，双方的联系仍未间断。唐大中十年（856）二月，黠戛斯使者来唐“又有回鹘随黠戛斯李兼至”①。此次的使者或许并不是黠戛斯可汗派出的，而是散居在天山东部的黠戛斯部众之一，具体是黠戛斯哪一部派出的使者，因史册缺载，尚无从考证。

唐懿宗咸通四年（863），黠戛斯可汗又派使臣合伊难支入唐，向唐提出三个要求：一是请求经籍；二是请求每年遣使来走马并获取历书；三是要求攻打回鹘，“使安西以来悉归唐”②。表明黠戛斯并没有战败西迁回鹘，也没有占据安西，但是，黠戛斯的请求并没有得到唐朝的支持。咸通七年（866）十二月，黠戛斯又遣将军乙支连几入贡，提出两个要求：一是请唐准许其派“鞍马迎册立使”；二是请发第二年的历书③。汉文文献未载唐咸通年间，对黠戛斯册封与否。

2009年，中国学者刘凤翥在俄罗斯阿巴坎博物馆，对其馆藏的唐代玉册残简文做了鉴定，确认是唐咸通七年颁与黠戛斯的册文。玉册材料为五块大理石，可视为玉册之属，每块长27、宽3、厚1.3厘米，两端有穿孔，上刻汉字④。册文的内容残缺，可识：“维大唐咸通七年”“贡是修保尔封疆烟”“身所谓奉诚之美也”“总以名实成其辉光”“以恩信怀来无思不”等字样。比对玉册行文格式与唐代诏书书写特征，可推继大中年间的册封后，黠戛斯可汗再次受到了唐朝的册封⑤。

唐大顺元年（890），黠戛斯再“举勤王之众，推效命之诚”⑥，派兵帮助唐朝平定沙陀李克用之乱，这是黠戛斯与唐联系的最后记载。黠戛斯

---

① 《唐大诏令集》卷128《蕃夷·绥附·议立回鹘可汗诏》，第693页。

② 《资治通鉴》卷250《唐纪》咸通四年（863），第8229页。

③ 《资治通鉴》卷250《唐纪》咸通七年（866），第8239页。

④ 刘凤翥：《俄国阿巴坎博物馆所存的唐代玉册残简》，《隋唐辽宋金元史论丛》（第1辑），紫禁城出版社，2011年，第11页；〔日〕枡本哲：《南シベリカアアバカン近郊発见の玉册片について》，《大阪府埋葬文化助協会研究紀要——設立10周年紀念论集——》（第3辑），1995年。日本学者枡本哲也关注了这一发现，惜未见原文，尚不知具体研究结论。

⑤ 王洁：《唐咸通年间授封黠戛斯考》，《内蒙古社会科学》（汉文版）2014年第2期。

⑥ 《旧唐书》卷20上《昭宗本纪》，第744页。

汗国与唐朝的来往，正如史册所载“后之朝聘册命，史臣失传”，再未见载于汉文史册[①]。

第二节　黠戛斯与北方诸族的关系

西汉时，黠戛斯以坚昆之名见诸汉文史册。历经魏晋至隋唐时期，在与后突厥汗国、漠北回鹘的不断较量中逐渐发展强大，8世纪初建立了汗国。840年，黠戛斯联合漠北诸部击溃了漠北回鹘汗国，并迫使回鹘西迁。黠戛斯此举不仅改变了统治蒙古高原的民族格局，也对中亚历史产生了极大的影响。

据突厥碑铭与汉文史料记载，黠戛斯汗国与后突厥、回鹘汗国一样，由黠戛斯各部以及依附于汗国的其他北方各族组成。

一、依附于黠戛斯的各族

汉文史料载，黠戛斯的属部仅有都播、弥列哥、俄支，号称“木马三突厥”部。木马三突厥作为黠戛斯联盟的成员，有定期向黠戛斯交纳赋税的义务，“坚昆之人得以役属之”[②]，这种贡赋关系的存在，无疑意味着他们曾隶属于黠戛斯。古突厥文专家拉德洛夫将这三部的古突厥文族名比定为Tuba、Bälig、Ach[③]。黠戛斯古代贵族墓葬出土的素面小金罐，底部刻有古突厥文字“altuns(?) ïyacin”，意为“金子……阿齐之贡礼”[④]，证实了acin可比Ach，即阿齐当是木马三突厥中的俄支。

据古突厥文碑铭，可考黠戛斯其他属部。《毗伽可汗碑》东面第26行记载：“当我二十六岁时，鞠部（Čik）同黠戛斯人一起与我们为敌。我渡过剑河（Käm）出征鞠部。我战于Örpän，败其军队。我获取了阿热（Az）人民……并使其臣属。”[⑤]Čik即汉文史料所载的鞠部。《新唐书》

① 《新唐书》卷217下《黠戛斯传》，第6150页。

② 《新唐书》卷217下《黠戛斯传》，第6148页。

③ 转引自韩儒林：《突厥官号研究》，《突厥与回纥历史论文选集（1919—1981）》，注释③，第246页。

④ 〔苏联〕C. B. 吉谢列夫：《南西伯利亚古代史》（下册），第137页。

⑤ 耿世民：《古代突厥文碑铭研究》，《毗伽可汗碑》，第159页。

载，鞠部“邻于黠戛斯剑海之濒”[①]，该部与黠戛斯濒临剑海（即剑河，唐代泛指今叶尼塞河上游地区，今专指其支流克姆契克河），因与黠戛斯联合对抗后突厥汗国，导致鞠部遭到后突厥毗伽可汗的攻击。

天宝三载（744），后突厥汗国灭亡后，漠北回鹘汗国兴起，鞠部再次与黠戛斯同时出现在回鹘的碑铭中。《磨延啜碑》北面第22行记载，回鹘磨延啜可汗得到密报，听黠戛斯派人说：“你们出征吧！你们也叫鞠部（Čik）人出征吧！”磨延啜可汗得知双方联合的信息后，随即开始部署了军队，称：“我往那里Čik派去以……都督为首的千人（部队），往其同盟者地方派去了少数人。”[②]因为鞠部与黠戛斯人联合应敌，黠戛斯、鞠部二部，都遭到磨延啜可汗的严重打击。考以上碑铭，二者不仅共同对抗过后突厥汗国，还数次参与对回鹘的抵抗，双方的关系恐怕并不是简单的同盟而已，或可视为因鞠部隶属于黠戛斯而应召出战。

在突厥碑铭中将骨利干与黠戛斯列为敌对阵营，但两族究竟关系如何，尚无明确的记载。但《新唐书》却将二者做了类似的比较，骨利干“产良马，首似橐它，筋骼壮大，日中驰数百里”[③]，《唐会要》亦载：“结骨马与骨利干马相似，少不如，印‘出’。”[④]漠北多良马的民族不止骨利干，何以只将黠戛斯马与之比较，如此品头论足，暗含两族关系非比寻常。从不同的文献记载可视端倪，《新唐书》载，骨利干部“处瀚海北”（今贝加尔湖）；拉施特的《史集》中提到在贝加尔湖附近居住着Quri部（豁里）[⑤]，苏联东方学家巴托尔德认为，Quri部无疑就是唐朝的骨利干[⑥]；再如波斯文地理名著《世界境域志》载，“FUK（Quri?），为一部落名，属黠戛斯，住在其东面，不与黠戛斯的其他集团相混合”，而且“其他的黠戛斯人不懂他们的语言”[⑦]。至此可推知，FUK（Quri?）部即骨

---

① 《新唐书》卷217下《黠戛斯传》，第6146页。

② 耿世民：《古代突厥文碑铭研究》，《磨延啜碑》，第199页。

③ 《新唐书》卷217下《骨利干传》，第6144页。

④ 《唐会要》卷72《诸蕃马印》，第1305页。

⑤ 〔波斯〕拉施特著，余大钧、周建奇译：《史集》第1卷第1分册，第198页。

⑥ 〔波斯〕胡杜德·阿勒·阿拉姆著，王治来、周锡娟译：《世界境域志》第26章“关于河中诸边境地区及其城镇”，第86页。

⑦ 〔波斯〕胡杜德·阿勒·阿拉姆著，王治来、周锡娟译：《世界境域志》第14章“关于黠戛斯国”，第66页。

利干部，且是黠戛斯的属部无疑。

《世界境域志》载黠戛斯的其他属部，还有“K.SAYM 黠戛斯一个氏族之名，他们携毡房居于山坡之上。他们猎取毛皮，麝香，犀牛（角）等类。他们是不同于黠戛斯的一个部落。其语言接近葛逻禄，服饰类似基马克”[①]。《世界境域志》英文译者米诺尔斯基将 K.SAYM 复原为“kishtim”，该部曾与黠戛斯一起被成吉思汗征服。该族名还见于 8 世纪中叶的敦煌藏语史料，据载，其位于黠戛斯西南，濒剑海有 Gesdum 部。其族名可比定为 *Käšdim，汉译名有“客史的音”“克失的米”等多种写法[②]。与此相近的族名，还见于南西伯利亚克姆契克河的卡伊巴什河口的叶尼塞碑铭，书有“以吾之功勋吾乃克施季姆六族中之至高无上者，此吾之优越也”[③]，或可认为碑铭提到的“克施季姆六族”，就是《世界境域志》提到的 K.SAYM 族。此碑显示，黠戛斯可汗封克施季姆六族的领主为都督匐，作为汗国的属部之一，他们以此隶属为荣。

《世界境域志》中与黠戛斯有关的部名，还有“Q.RQ.RKHAH，是基马克的另外一个地区，其居民的习惯与黠戛斯同”[④]。在表示中亚的一幅《伊德利希地图》上，黠戛斯境内有两处都标着与 Q.RQ.RKHAH 相近的名字。该部虽然属于基马克，但是从其居民与黠戛斯有相同的习惯来看，或许曾经被黠戛斯征服过。因而，这个基马克的一部，很有可能也曾短暂隶属过黠戛斯。

二、与黠戛斯关系密切的各部

6—10 世纪，黠戛斯东南有拔悉蜜（密）部，西南方向是葛逻禄与突骑施部，后两部与黠戛斯有姻亲关系。

---

① 〔波斯〕胡杜德·阿勒·阿拉姆著，王治来、周锡娟译：《世界境域志》第 14 章“关于黠戛斯国”，第 66 页。

② 〔日〕森安孝夫：《チベット语史料中に现れる北方民族—DRU-GU と HOR—》，《アジアアフリカ言语文化研究》1977 年第 14 期；〔日〕森安孝夫：《敦煌藏语史料中出现的北方民族——DRU-GU 与 HOR》，陈俊谋译，《西北史地》1983 年第 2 期。

③ 〔苏联〕C. B. 吉谢列夫：《南西伯利亚古代史》（下册），第 141 页。

④ 〔波斯〕胡杜德·阿勒·阿拉姆著，王治来、周锡娟译：《世界境域志》第 18 章“关于基马克国及其城镇”，第 68 页。

葛逻禄在鄂尔浑古突厥碑文中音译为 qarluq[①]。葛逻禄原居北庭都护府（今新疆吉木萨尔北破城子）西北，金山之西，原游牧于东天山内外，与黠戛斯相邻。从回鹘汗国建立，黠戛斯就与葛逻禄结盟共同对抗回鹘。黠戛斯君长阿热的可敦，是“葛禄叶护女”[②]。贞元五年（789），黠戛斯曾与三姓葛逻禄（谋落、炽俟、踏实力）、吐蕃联盟抗击回鹘，回鹘向西扩张并占据北庭，葛逻禄被迫西移中亚楚河流域[③]。

8 世纪，突骑施崛起于碎叶川及伊犁河地区，后迁至楚河。《世界境域志》记载，突骑施“西面是一帮黠戛斯人”[④]，当为黠戛斯南下西征回鹘时曾与之为邻。后突厥汗国时期，两族的联系较为密切，黠戛斯曾与突骑施、唐结成联盟，试图共同打击后突厥。黠戛斯阿热的母亲是“突骑施女”[⑤]。天宝元年（742），突骑施以黑姓可汗即伊里底蜜施骨咄禄毗伽可汗（El-Etmiš Kutlug Bilgä）为首建立了汗国。突骑施与黠戛斯关系密切，曾多次联合对抗后突厥、回鹘。直至天宝十五载（756），双方仍互有使者往来。叶尼塞乌巴特第 1 碑就是一位黠戛斯人的衣冠冢，从碑文内容推断，作为被黠戛斯遣往黑汗处的使者（yalabač），却再也没有返回。在图瓦发现的图瓦第 3 碑也记载，往来的黑汗突骑施使者也因出使而客死于黠戛斯之地[⑥]。唐设立北庭都护时，由于黠戛斯与突骑施的特殊关系，曾将两部作为唐在北方的重点防范对象。

黠戛斯与吐蕃的联系，鲜见于文献记载。吐蕃与黠戛斯虽然南北相望、相距甚远，但历史上仍有一定的联系。

吐蕃兴起于隋唐时期，7 世纪初，在今青藏高原上强盛起来后，迅速向东北方向发展。吐蕃向北征服吐谷浑之地，7 世纪中叶开始进入西域，吐蕃曾与回鹘争夺北庭。790—840 年，黠戛斯始与吐蕃联系，并与

---

① 芮传明：《古突厥碑铭研究》,《附录：古突厥碑铭译注》48，第 257 页。

② 《新唐书》卷 217 下《黠戛斯传》，第 6149 页。

③ 〔法〕沙畹（E.Chavannes）著，冯承钧译：《西突厥史料》，中华书局，1958 年，第 194、195 页。

④ 〔波斯〕胡杜德·阿勒·阿拉姆著，王治来、周锡娟译：《世界境域志》第 17 章“关于突骑施国及其城镇”，第 80 页。

⑤ 《新唐书》卷 217 下《黠戛斯传》，第 6149 页。

⑥ 〔法〕路易·巴赞著，耿昇译：《突厥历法研究》，第 121 页。

葛逻禄、吐蕃形成了对付回鹘的同盟。古突厥碑铭将吐蕃记作 töpüt，叶尼塞河上游发现的《恰库尔碑》记载，820 年左右，碑主人“为了高尚的事业，我去吐蕃汗那里，往返为使臣”[①]。表明黠戛斯曾与吐蕃联合，为了各自的利益而共同对抗回鹘。

黠戛斯与吐蕃除了政治、军事上的结盟，双方还存在贸易的往来。《新唐书》载，黠戛斯“然常与大食、吐蕃、葛禄相依仗，吐蕃之往来者畏回鹘剽钞，必往葛禄，以待黠戛斯护送”[②]。因为回鹘汗国控制着当时东部天山以北地区，而黠戛斯活动的中心在今俄罗斯叶尼塞河上游地区，因此，吐蕃、葛逻禄和黠戛斯同盟间的交通联系，是经由穿越葱岭山区的路线来进行的[③]。为维护这种贸易关系，黠戛斯曾与大食、吐蕃、葛逻禄结成无形联盟，以对抗破坏这种贸易关系的漠北回鹘[④]。由于担心遭到回鹘抢劫，吐蕃派往黠戛斯的使者也不敢径直前往，而要留在葛逻禄等黠戛斯来人护送。黠戛斯《阿尔腾库尔碑》载：“因为英勇，我作为使臣去了吐蕃汗哪里，我未还。”[⑤]证实了《新唐书》关于黠戛斯人和吐蕃的贸易联系[⑥]，也反映出黠戛斯不仅仅是吐蕃、葛逻禄、大食、西域回鹘的贸易伙伴，也是此间各部所依仗的能与漠北回鹘抗衡的北方强国。

开成五年（840）后期，为了阻止回鹘残众西入吐蕃，黠戛斯对其采取了防范措施，但二者并未兵戎相见。唐大顺元年（890），黠戛斯还与吐蕃、赫连铎等联合出兵数十万，帮助唐朝平定了沙陀李克用之乱[⑦]。此

① 〔苏联〕A. 伯恩什达姆著，杨讷译，郝镇华校：《6 至 8 世纪鄂尔浑叶尼塞突厥社会经济制度（东突厥汗国和黠戛斯）》，第 229 页。

② 《新唐书》卷 217 下《黠戛斯传》，第 6149 页。

③ 王小甫：《唐、吐蕃、大食政治关系史》，北京大学出版社，1992 年，第 129、130 页。

④ 葛逻禄有三个主要部落，因而有“三姓葛逻禄”之称。他们于 8 世纪 60—70 年代从金山（阿尔泰山）地区南下，取代突骑施而成了“十姓可汗故地”的主人，他们与吐蕃、黠戛斯结成同盟，共同对抗漠北的回鹘汗国（744—840）。

⑤ 通拉嘎：《叶尼塞鲁尼文碑铭译注与相关社会文化初探》，内蒙古大学硕士学位论文，2017 年，第 37 页。

⑥ 〔苏联〕A. 伯恩什达姆著，杨讷译，郝镇华校：《6 至 8 世纪鄂尔浑叶尼塞突厥社会经济制度（东突厥汗国和黠戛斯）》，第 229 页。

⑦ 《资治通鉴》卷 258《唐纪》大顺元年（890），第 8524 页。

间吐蕃与黠戛斯仍有一定的联系，据敦煌藏语文献记载，吐蕃曾向北方诸国派出使者打探各部信息，并称黠戛斯为Gir-tis或Gir-Kis[①]。10世纪时，回鹘文文献还反映出黠戛斯与吐蕃两部仍为南北两大强族[②]。

三、与黠戛斯接触的其他各部

铭文提到的“阿热（Az）”，是一个与黠戛斯关系较密切的民族。《新唐书·黠戛斯传》载，黠戛斯“其君曰阿热，遂姓阿热氏”或与阿热有关。鉴于文献的缺失，黠戛斯强大之时，阿热与黠戛斯是否存在依附关系，只能暂且存疑。

《阙特勤碑》东面第14行载：“黠戛斯、骨利干、三十姓鞑靼、契丹、奚，都与我们为敌。”[③]铭文所指的三十姓鞑靼、契丹与奚，虽然都被后突厥视为敌人，但他们与黠戛斯的关系究竟如何，却没有明确的表述。结合文献考察，李德裕奉旨给回鹘嗢没斯特勤的诏书中讲道，“今又知坚昆等五族深入凌虐，可汗被害”，或许能解开谜题[④]，“坚昆等五族”很可能是指黠戛斯、鞑靼、契丹、奚、室韦五部[⑤]。黠戛斯击溃回鹘后，曾经派出使者赴唐，其所携文书明确讲道：“纥扢斯（黠戛斯又一音译）即移就合罗川，居回鹘旧国，兼以得安西、北庭鞑靼等五部落。”[⑥]可见，鞑靼等五部落曾被黠戛斯征服，他们很可能也参与了黠戛斯对漠北回鹘的攻击。另外，唐朝曾命检校兵部尚书张仲武兼任东面招抚回鹘使，同时令“奚、契丹、室韦等，并自指挥”[⑦]。可见，回鹘败亡后，唐朝曾令奚、契丹、室韦听从唐将张仲武的指挥。奚、契丹、室韦等部再次并列出现，恐怕并非偶然。

---

① 〔日〕森安孝夫：《敦煌藏语史料中出现的北方民族——DRU-GU与HOR》，陈俊谋译，《西北史地》1983年第2期。

② 雅森·吾守尔：《古代汉文文献中“匈奴”等名称的回鹘语译名》，《民族语文》2006年第1期。据考证，黠戛斯与吐蕃在回鹘经文中，被译作南北两部强族。

③ 耿世民：《古代突厥文碑铭研究》，《阙特勤碑》，第121页。

④ 《会昌一品集》卷5《赐回鹘嗢没斯特勤等诏书》，第31页。

⑤ 薛宗正：《黠戛斯的崛兴》，《民族研究》1996年第1期。

⑥ 《会昌一品集》卷8《代刘沔与回鹘宰相书白》，第53页。

⑦ 《会昌一品集》卷3《授张仲武东面招抚回鹘使制》，第20页。

以上史料，虽不足以认定三十姓鞑靼、契丹与奚就是黠戛斯的属部，但可以肯定，鉴于回鹘对漠北诸部的征服，或许他们短暂参与了黠戛斯击溃回鹘的联盟。近年来，随着叶尼塞古鲁尼文碑文的汉译及其研究成果的发表，或许对厘清黠戛斯与鞑靼各部的关系有所裨益[①]。

敦煌藏语史料载，位于黠戛斯东南方即萨彦岭南，在“剑海（今克姆契克河）东岸，还有个名为 Ku-hu'ur 的民族”[②]。8 世纪，黠戛斯与回鹘对峙时期，Ku-hu'ur 部与回鹘也处于敌对关系。《蒙古秘史》记载“Güčü'üt”部是属于乃蛮部的古出古惕氏。此 Ku-hu'ur 部可比对为“乃蛮部古出古惕氏”。Ku-hu'ur 部或与黠戛斯不是敌对关系，但不见有关系明确的记载[③]。具体隶属与否，亦囿于史料所限，暂且不得而知。

征服过黠戛斯的北方强族，先后有东、西突厥汗国，薛延陀汗国，后突厥汗国与漠北回鹘汗国，他们均将黠戛斯视为敌对的一方。此外，黠戛斯北方的驳马“与结骨数相侵伐，貌类结骨，而言语不相通”[④]。驳马国与黠戛斯关系较为疏远，曾经与之数度交战。《唐会要》亦有“其北有骝（驳）马国”“貌类结骨，而不敦邻好，交相侵伐”的记载[⑤]。《新唐书》也称驳马“好与结骨战，人貌多似结骨，而语不相通”[⑥]。从上述史料可知，虽然黠戛斯人与驳马人外貌上很相似，但使用的语言不同，关系也不睦。

室韦诸部与黠戛斯虽然不是邻族，但与黠戛斯有过直接接触。840 年，击溃回鹘后，黠戛斯始与室韦接触。黠戛斯焚毁回鹘牙帐，回鹘乌介自立可汗南下逃亡，率残众依和解室韦，但被回鹘乌介相美权者逸隐啜逼杀于金山，以其弟特勒遏捻为可汗，依附于奚王硕舍朗。大中元年春，张仲武大破奚众，回鹘无所取给而日有耗散。大中二年春（848），

---

① 白玉冬：《九姓达靼游牧王国史研究（8—11 世纪）》，第 224 页。

② 〔日〕森安孝夫：《チベット语史料中に现れる北方民族— DRU-GUとHOR —》，《アジア・アフリカ言语文化研究》1977 年第 14 期。

③ 余大钧译注：《蒙古秘史》158 节，列有“Güčü'üt”部，即乃蛮部的古出古惕氏。成吉思汗曾征讨过的不亦鲁黑·罕，就出自该部。

④ 《通典》卷 200《边防·驳马》，第 5493 页。

⑤ 《唐会要》卷 100《结骨国》，第 1784 页。

⑥ 《新唐书》卷 217 下《黠戛斯传》，第 6146 页。

“唯存名王贵臣五百人已下，依室韦”。回鹘余众又转而依附于室韦，唐边将张仲武至室韦“却令还蕃”，致使回鹘遏捻可汗恐惧连夜逃亡。于是“室韦分回鹘余众为七分，七姓室韦各占一分”。后“经三宿，黠戛斯宰相阿播领诸蕃兵称七万，从西南天德北界来取遏捻及诸回鹘，大败室韦。回鹘在室韦者，阿播皆收归碛北”[①]。因室韦瓜分了回鹘余众，黠戛斯国相统军远征室韦，将被室韦兼并的回鹘余众带回了漠北。

因为黠戛斯具备与回鹘抗衡的实力，黠戛斯汗国当聚集了漠北诸多民族。他们要依靠黠戛斯汗国来摆脱并消灭回鹘。840 年，当黠戛斯击溃回鹘后，部分民族也就脱离了对黠戛斯汗国的隶属，原蒙古语族各部纷纷西进蒙古高原，高原蒙古化的进程即将开启，这为古代蒙古民族共同体的形成提供了间接条件。

① 《旧唐书》卷 195《回纥传》，第 5215 页。

第七章　黠戛斯文化习俗

唐代黠戛斯聚居在今叶尼塞河上游，黠戛斯文化是南西伯利亚古代历史文化的延续，直接传承于该地区的塔加尔文化、塔施提克文化[①]。在历史发展过程中，黠戛斯与中原王朝以及其他北方民族发生文化交流，甚至经历了突厥化的演变。黠戛斯文化的内容较为丰富，主要为语言文字、衣食住行、婚姻丧葬等风俗习惯，以及信仰多种宗教、使用突厥历法等方面。

汉文文献囿于历史时期的视野所限，对黠戛斯文化的记载较为零散。所幸考古发现提供了一些实物史料，为进一步了解并研究黠戛斯历史文化，提供了宝贵的第一手资料。

第一节　语 言 文 字

黠戛斯使用的语言属于阿尔泰语系突厥语族的黠戛斯语，使用的文字是古鲁尼文字。史载黠戛斯“文字、语言与回鹘正同”，黠戛斯人“谓月为哀”，“哀”与古突厥语 ay（月亮的意思）同音同义[②]。11 世纪，麻赫默德·喀什噶里撰写的《突厥语大词典》指出，黠戛斯使用的语言，是古突厥语中的“北部方言”。黠戛斯人与突厥、回鹘人使用的语言基本相通，文字也基本相似。

黠戛斯使用的文字，虽然与鄂尔浑古突厥文字有些相似，然而二者

---

① 〔苏联〕C. B. 吉谢列夫：《南西伯利亚古代史》（下册），第 121 页；〔苏联〕A. Л. 蒙盖特：《苏联考古学》第 4 章“青铜时代遗存的研究”记载，塔加尔文化因今俄罗斯米努辛斯克附近的塔加尔岛得名。塔加尔时期开始于公元前 8 世纪前后，结束于公元前 2 世纪。塔施提克文化得名于米努辛斯克附近的塔什提克河，起于公元前 1 世纪，止于 4 世纪，参见 137 页。

② 〔苏联〕威廉·巴托尔德著，罗志平译：《中亚突厥史十二讲》，第 32 页。

却并无直接关联。首先，从突厥鲁尼文字母的笔划入手，俄罗斯学者马洛夫认为叶尼塞的文字遗存“甚至比鄂尔浑—色楞格的遗存早二、三百年”[①]。表明黠戛斯人使用文字的时间，要远远早于8世纪同样留下文字遗存的鄂尔浑突厥人。学界认同大约6世纪时，黠戛斯人就已经开始使用文字[②]，直至10世纪左右，叶尼塞河流域的黠戛斯汗国及其所属各部，都使用这种被称为鲁尼文字母的拼写文字。

其次，黠戛斯人使用的文字，更接近于与粟特人联系密切的西突厥人使用的鲁尼文字母。考古发现证实，西突厥所聚居的七河之地，也是鲁尼文字的使用中心，相比之下，与6—7世纪的叶尼塞铭文极为相似，与鄂尔浑特别是色楞格铭文则有显著区别[③]。特别是现存于米努辛斯克博物馆，编号为2164号圆饼形石纺轮上的铭文，与七河之地塔拉斯木棍上的铭文更是极其相似[④]。尽管如此，人们还是将其与鄂尔浑河流域发现的后突厥汗国的碑铭，统称为鄂尔浑—叶尼塞河突厥文碑铭。苏联学者巴托尔德据此认为，7世纪的黠戛斯，如果按语言分类，无疑是突厥人[⑤]。古突厥语言文字的使用，根源于黠戛斯人的突厥化。

目前为止，已发现的叶尼塞碑铭有70多种类型，主要刻写在墓石、岩壁、金属器皿和钱币上，集中分布于叶尼塞河流域的图瓦与米努辛斯克地区[⑥]。叶尼塞碑铭出现时间的上限大约为6世纪，最晚的碑铭见于13

---

① 转引自〔苏联〕C. B. 吉谢列夫：《南西伯利亚古代史》（下册），第138页。鲁尼文字母（runic），原是古代北欧日耳曼民族文字。为便于刻在木板或石碑上，都用直线形组成，是一种碑铭体。欧洲学者最先在中亚塔拉斯河谷、叶尼塞河流域发现陶器、石头上刻有的文字时，因其字形与北欧如尼文相仿，而称其为鲁尼文字母文字。经过汤姆森等学者的解读，确认它是一种源于阿米拉粟特文音素与音节混合的拼音文字，7—10世纪，被突厥、回鹘、黠戛斯等民族广泛使用，与北欧鲁尼文并无关联。但这种中亚文字的鲁尼文称谓却仍被长期沿用，与拉丁字母相比，鲁尼文更接近于早期的象形文字。

② 〔苏联〕C. B. 吉谢列夫：《南西伯利亚古代史》（下册），第138页。

③ 〔苏联〕C. B. 吉谢列夫：《南西伯利亚古代史》（下册），第140页。

④ 〔苏联〕C. B. 吉谢列夫：《南西伯利亚古代史》（下册），第142页。

⑤ 〔俄〕瓦·符·巴托尔德：《突厥蒙古诸民族史》，《北方民族史与蒙古史译文集》，第277页。

⑥ 〔苏联〕C. Г. 克利亚什托尔内著，李佩娟译：《〈古代突厥鲁尼文碑铭〉——中亚细亚史原始文献》，第54页。

世纪的大蒙古国时期。叶尼塞突厥鲁尼文碑铭大约有150块，分布在西萨彦山以北、南及东南近叶尼塞河源地区①。黠戛斯汗国碑铭的时限，主要集中在7—12世纪②，按铭文内容可大致分为经济、社会制度与其他民族的关系三个方面③。这些碑铭对研究黠戛斯的语言、文字、历史、民俗等诸多方面，具有较高的学术价值。

因为述及历史事件而比较著名的黠戛斯碑铭，发现于今蒙古国南部的苏吉大坂附近。1900年，芬兰人兰司铁（G. J. Ramstedt）在此地的小山坡上发现了该碑，并以发现地命名为《苏吉碑》。从碑文内容推测，该碑是840年黠戛斯击溃回鹘后所立。该碑首先讲到碑主人生前的经历：从黠戛斯来到回鹘人之地，他是黠戛斯之子，是裴罗·骨咄禄·亚尔汗高级执行官，是骨咄禄·莫贺·达干的传令官。碑主人生前很富有，“畜圈是10个，马无数”，家庭成员有“弟弟7个，儿子3个，女儿3个”及外孙和孙子，碑主人还给了他的经师100个壮汉和住处。铭文最后还叮嘱儿子们为汗效忠尽力④。该碑最初被认定是漠北回鹘汗国的碑铭，其后才确定这是黠戛斯人的碑铭，并依据碑铭内容命名为《黠戛斯之子碑》。

与《苏吉碑》时间相近的叶尼塞碑铭是乌巴特第3碑。碑文记载：“bädizin üčün, türk kan balbalï el ara, tokkuz ärig, uduš är oglïn ögürüp ödür-altï, ärdäm bägim a!（有关其装饰，在突厥可汗的杀人石之地，他非常高兴地抓住并选择9个人，为其侍从人员的儿子。我的诸官集团（匐），勇敢的人！）”该碑的主人是黠戛斯地区的一位大首领（位居达干将军，Tarkan Saŋun），他从鄂尔浑突厥地区抓了9名装饰墓碑的工匠，可推断该碑勒立于840—924年⑤。反映出黠戛斯人不仅攻占了鄂尔浑地区，还将该地的工匠迁至叶尼塞故地为黠戛斯人服务。

此外，乌尤克河流域也有几块著名的碑铭，如在乌尤克河支流塔

---

① 〔苏联〕C. B. 吉谢列夫：《南西伯利亚古代史》（下册），第141页。

② 〔苏联〕C. Г. 克利亚什托尔内著，李佩娟译：《〈古代突厥鲁尼文碑铭〉——中亚细亚史原始文献》，第55页。

③ 〔苏联〕A. 伯恩什达姆著，杨讷译，郝镇华校：《6至8世纪鄂尔浑叶尼塞突厥社会经济制度（东突厥汗国和黠戛斯）》，第205页。

④ 胡振华：《柯尔克孜语言文化研究》，第225页。

⑤ 〔法〕路易·巴赞著，耿昇译：《突厥历法研究》，第124页。

尔拉克河畔发现的《乌尤克·塔尔拉克碑》。该河的左岸发现的《乌尤克·阿尔汗碑》上面除有文字外，还有鹿和野猪的图像，可能是该碑主人部落的图腾。乌尤克河左侧支流的土兰河右岸边，发现了《乌尤克·土兰碑》。从已释读的叶尼塞古突厥文碑铭可知，这些碑文内容多以记录逝者所经历的重大事件为主，如丧失父母的时间、婚姻状况、曾经负有的使命、逝世的年龄等。乌巴特第 3 碑记载："altï yāšïmta kaŋ adïrdïm（在我第 6 岁时，我丧父，当时对此尚不理解）。"[①]《乌尤克·土兰碑》也记载："üč yetm(iš) y(a) š(ï)ma (a)d(ï)r(ï)lt(ï)m.（我 63 岁时离去了）。"[②] 除此之外，还有部分碑铭的主要内容是对某个人的去世表示悲叹和哀悼，表现逝者对尘世的留恋之词，叙述生前的财富如牛羊马匹的数量等，告别妻儿、叮嘱子女的话语也在其中表现。所以，"我离开了我的黔首，离开你们，离开了我的埃利"，就成了黠戛斯贵族墓铭的套语，字里行间都透露着对人世的不舍[③]。

迄今为止，在叶尼塞河畔还发现了多座衣冠冢，墓志铭显示逝者是出使未归的使者。乌巴特第 1 碑是一名出使突骑施的黠戛斯使者的墓志铭，上载"ärdämin:üčün:ilindä qar:qanqa:barïpan:［因为英勇，去了黑汗（突骑施）哪里］""yalabač:barïpan（作为使臣去了）"[④]"kälmäd ï ŋiz（您未能回来，我的匐）"[⑤]。这反映的当是黠戛斯联合突骑施反击后突厥汗国时期的一次出使。此外，名为《阿勒腾·阔耳 2 号碑》（又名《阿尔腾库尔碑》）的铭文，也记载："är ärdäm：üčün:tüpüt:qanqa:yalabač:bardïm. Kälmadïm.（因为英勇，我作为使臣去了吐蕃汗哪里，我未还）。"[⑥] 恰库尔墓志铭上刻着："töpüt kanka yalabač bardim. Kälmadim.（我作为出使吐蕃

---

① 〔法〕路易·巴赞著，耿昇译：《突厥历法研究》，第 145 页。

② 胡振华：《柯尔克孜语言文化研究》，第 231 页。

③ 〔苏联〕C. B. 吉谢列夫：《南西伯利亚古代史》（下册），第 133 页。

④ 通拉嘎：《叶尼塞鲁尼文碑铭译注与相关社会文化初探》，内蒙古大学硕士学位论文，2017 年，第 36 页。

⑤ 〔法〕路易·巴赞著，耿昇译：《突厥历法研究》，第 126 页。

⑥ 〔法〕路易·巴赞著，耿昇译：《突厥历法研究》，第 126 页；〔苏联〕A. 伯恩什达姆著，杨讷译，郝镇华校：《6 至 8 世纪鄂尔浑叶尼塞突厥社会经济制度（东突厥汗国和黠戛斯）》，第 229 页，也提到了该碑所记之事。

可汗的使者而出发，但我未能从那里返回）。”铭文记载，黠戛斯派使者出使吐蕃，但因故未归[①]。在此，尚无法考证两位出使吐蕃的使者及其因何未还以及是否同行，碑文记载的出使时间大约在 8 世纪中期，汉文文献记载此时黠戛斯与吐蕃、突骑施的关系比较密切，叶尼塞碑铭与汉文史籍可相互印证。

在阿巴坎—米努辛斯克地区，已发现的有墓志铭的黠戛斯墓主人，几乎都是男子（är）或成年男子（ärdäm）。这种现象表明，至少要达到青春年龄的男子才有权拥有立碑的葬礼殊荣[②]，墓碑碑文也唯有成年男性的“成年名字”才有权被登录于其中[③]，这是包括黠戛斯在内的其他突厥语族的普遍习俗。

黠戛斯的文字遗存，不仅刻于墓志铭，还见于岩壁上。在米努辛斯克盆地附近的迈达沙山和奥格拉赫提山等处，发现了突厥鲁尼文符号的岩画。在叶尼塞河主要支流克姆契克河卡伊巴什河口，发现了一面语言表达顺畅、内容也比较完整的岩刻。全文如下：

> 此碑立于吾可汗与吾埃利所有之喀喇—森吉尔。碑文系安申所书。汝众人等听喀喇—森吉尔之领主言。勇士。—伊南啜，奇格什匐，以吾之功勋吾乃克施季姆六族中之至高无上者，此吾之优越也。喀喇—森吉尔吾有之，岁次卅八年吾乃足智多谋之将军。奉可汗之……谕命（吾）系都督匐，疆土及于彼方[④]。

上述岩刻将这种赞美与号令性的言语以文字形式，醒目地拓刻在崖壁之上，旨在彰显可汗之威名与功绩，以达到威慑天下的作用，在歌功颂德之余，还暗喻民众听从统领的号令。此举显然不仅仅是针对黠戛斯的上层贵族而为，还有警示黠戛斯普通民众的用意，表明黠戛斯人对文字的辨识已达到了普及程度，否则，也没有必要花费人工刻在崖石之上

① 通拉嘎：《叶尼塞鲁尼文碑铭译注与相关社会文化初探》，内蒙古大学硕士学位论文，2017 年，第 37 页。

② 〔法〕路易·巴赞著，耿昇译：《突厥历法研究》，第 143 页。

③ 〔法〕路易·巴赞著，耿昇译：《突厥历法研究》，第 144 页。

④ 〔苏联〕C. B. 吉谢列夫：《南西伯利亚古代史》（下册），第 141 页。

了。除此之外，黠戛斯的岩刻铭文还具有一定的纪念意义，如苏克列岩画上，刻有“ac s baslyryol(ti).［阿奇勇士之首领死（之地）］”[①]，此类铭文表达的是对英雄的永久纪念。

6世纪时，古突厥鲁尼文就已创制并开始使用。虽然黠戛斯与后突厥、回鹘使用的古突厥文字母基本一样，但是表示某一相同语音的字母符号及某些图形却并不完全相同，也就是说，有些字母及其变体不尽相同。此外，已发现的鲁尼文或古突厥文碑铭的书写方式也略有不同。后突厥、回鹘使用的字母一般都从右到左横写，黠戛斯字母亦是从右到左横写[②]，但黠戛斯碑文中，也有从左到右横写的，还有前一行从右到左，下一行从左到右书写的，学者称这种书写方式为“牛耕式”[③]。虽然如此，但各民族在使用古突厥鲁尼文字时，相互之间存在些微的差异也并不相悖。正是赖于这些文字记载，后人才得以窥见其历史的一斑。

第二节　衣食住行

汉文古籍记载，黠戛斯“衣服同于突厥”，但因贫富不同而存在很大的差别[④]。富者“服饰以貂豽”[⑤]，在黠戛斯人的意识中“服贵貂、豽”[⑥]，即穿戴貂皮衣服是富贵的体现。唐贞观十七年（643），黠戛斯遣使贡貂裘及貂皮[⑦]。这些珍贵的皮毛，毛色美观，质感柔软温暖，主要用于缝制冬季的外套大衣与帽子。黠戛斯阿热可汗及其贵族等冬夏都着帽，但“贱者衣皮不帽”。阿热可汗“冬则以貂鼠为帽”“夏则以金装帽”，其帽子的材质冬夏有别，其他贵族“则以白毡为帽，余制略同”。帽子的款式是

① 〔苏联〕C. B. 吉谢列夫：《南西伯利亚古代史》（下册），第148页。

② 胡振华：《柯尔克孜语言文化研究》，第197页。

③ 耿世民：《古代突厥文碑铭研究》，第61页。

④ 散见于《太平寰宇记》卷199《四夷·北狄·黠戛斯》；《新唐书》卷217下《黠戛斯传》；《通典》卷193《边防·坚昆》，第5268页；《通典》卷200《边防·结骨》等史籍中，但多有重复，故不一一注释。

⑤ 《通典》卷200《边防·结骨》，第5492页。

⑥ 《新唐书》卷217下《黠戛斯传》，第6147页。

⑦ 《太平寰宇记》卷199《四夷·北狄·黠戛斯》，第3820页。

“锐顶而卷其末”，这种帽子至今仍被其后裔男性所传承[①]。

男士的服饰除了帽子之外，还“喜佩刀砺”，尤其是勇士几乎人人都“腰佩刀砺”[②]。黠戛斯科彼内遗址出土了一块青铜浮雕饰牌，上雕一位6—8世纪的衣冠整齐、武器齐全、身下坐骑辔鞍具备的骑士。骑士无冠，长发飘动，发上束带，在后脑打结，中长外衣上束一腰带，脚穿无后跟软靴，右侧挂一只上窄下宽的箭箙，佩“M”形的复合弓[③]。此外，黠戛斯男性还有“以环贯耳”“勇黥其手”等习俗，即男子戴耳环，勇士喜欢在手上纹上标志[④]。

至于普通民众的服饰，则非常简单，史载“贱者衣皮而露首”[⑤]。牧养的牲畜皮、狩猎中取之于自然的动物皮略经加工成衣，即可遮体御寒。黠戛斯人大部分以游牧、狩猎为业，故贫者以畜皮、兽皮为衣以遮羞御寒。适宜畜牧、狩猎的经济生活，反映在日常生活中就是衣皮食肉，体现了物尽其用的朴素自然观。

另外，由于畜牧业发达，普通牧人用剪下的兽毛编织成毛织品，作为服饰之用。史载“女衣毳毼、锦、罽、绫，盖安西、北庭、大食所贸售也”[⑥]“衣有锦罽杂色”“女衣毛褐，而富者亦衣绫锦”[⑦]。衣服的质地不同，也会体现其相应的社会地位。普通女性的衣服，由罽、毳毼等毛织物或褐（一种粗布）等制成，只有富人才有条件穿绫锦等高档的丝织品，而这些高档衣料是由商人贩自中原内地、安西、北庭及大食等地。女性有佩带金质耳环、手镯的喜好，此由科彼内墓葬6号冢出土的残金耳环、

---

① 关于帽子的几条史料记载，出自《新唐书》卷217下《黠戛斯传》，第6147页。这种款式的男士帽子，至今犹存。据柯尔克孜族朋友介绍，今新疆柯尔克孜自治州的柯尔克孜族以及中亚吉尔吉斯族，男士们仍然戴着这种传统的毡帽，名曰喀勒帕克（Qalpaq）。

② 《太平寰宇记》卷199《四夷·北狄·黠戛斯》，第3822页。

③ 〔苏联〕C. B. 吉谢列夫：《南西伯利亚古代史》（下册），第145页。

④ 《新唐书》卷217下《黠戛斯传》，第6147页。

⑤ 《太平寰宇记》卷199《四夷·北狄·黠戛斯》，第3822页；《新唐书》卷217下《黠戛斯传》亦有载，第6147页。

⑥ 《新唐书》卷217下《黠戛斯传》，第6147、6148页。

⑦ 《太平寰宇记》卷199《四夷·北狄·黠戛斯》，第3822页。

手镯等遗物可相佐[①]。

《新唐书·黠戛斯传》载，黠戛斯“稼有禾、粟、大小麦、青稞，步硙以为麲糜。穄以三月种，九月获，以饭，以酿酒，而无果蔬”[②]。因为土质、气候等原因，黠戛斯“宜粟麦穄豆之属”等耐寒作物，相反，不耐寒的水果、蔬菜等不宜栽培，因此史称“无果菜”[③]。宋人乐史《太平寰宇记》亦载：“五谷唯出大小麦、青稞、麻米。尝以三月耕种，八月九月收获。糜以为饭，又以酿酒，麦以步硙以为麲。阿热食兼饼饵，其部下则唯食肉及马酪而已。”[④]叶尼塞地区少有适宜种植的谷物，即便如此，也能使用石磨将粟麦等粮食作物去壳或研磨成粉加工食用。在南西伯利亚科彼内遗址，出土了用以加工粮食的直径50—70厘米的石磨[⑤]，与汉文文献的记载相佐。至于会用谷物酿酒的说法，也有出土遗物为证，但从其粮食产量考量的话，当也不会大量的酿酒。由于气候原因，并没有适宜种植的瓜果蔬菜，也少有收获的谷物。因此，只有可汗等上层贵族可食用面饼等谷物食品，而普通牧民则以吃羊肉、饮乳酪等当地主产的食物为主。

黠戛斯人四季肉食的补充，除了食用饲养的家畜外，还有狩猎所获的野生动物。在黠戛斯地域内，“其兽有野马、骨咄、黄羊、羱羝、鹿、黑尾，黑尾者似獐，尾大而黑”[⑥]。丰富的野生动物资源，使捕猎易有所获，也丰富了食物的来源。此外，因为叶尼塞河流域水系颇多，鱼类资源较为丰富，盛产大鱼甚至是奇特的鱼，如“有蔑者长七八尺，莫痕者无骨，口出颐下”[⑦]，滨河而居的人们以捕鱼为业，以鱼类作为食材。由于森林资源较为丰富，林木中栖息着各种鸟类与猛禽，如“鸟，雁、鹜、乌鹊、鹰、隼”等，有些鸟类也被捕获并充作食用[⑧]。黠戛斯人训练猎鹰助其俘获猎物的习俗，在其后裔之中至今尚存。

---

① 〔苏联〕C. B. 吉谢列夫：《南西伯利亚古代史》（下册），第129页。
② 《新唐书》卷217下《黠戛斯传》，第6147页。
③ 《通典》卷200《边防·结骨》，第5493页。
④ 《太平寰宇记》卷199《四夷·北狄·黠戛斯》，第3822页。
⑤ 〔苏联〕C. B. 吉谢列夫：《南西伯利亚古代史》（下册），第122页。
⑥ 《新唐书》卷217下《黠戛斯传》，第6147页。
⑦ 《新唐书》卷217下《黠戛斯传》，第6147页。
⑧ 《新唐书》卷217下《黠戛斯传》，第6147页。

黠戛斯人日用生活的饮食器具，考古发现了酒杯形陶器、木碟、木勺等遗物。说明丰富的森林资源促进了手工制作的发展，黠戛斯人可手制各类木质的日用器物[①]。

黠戛斯农牧渔猎多种经济共存，因此，其衣食行都与其经济方式以及自然环境相适应。居住方式当也不例外，森林资源得天独厚，靠近林区就搭建木屋，草原牧区则住毡帐。因黠戛斯人“事狩猎，杀野牲”，决定了居住形式应适于流动，因而“他们住帐篷与毡房”[②]。南西伯利亚科彼内遗址的考古发掘，证实了黠戛斯人住所的特点之一，即“具有非常强烈的游牧特征”“住所的地表留有许多圆形和椭圆形坑穴”，数量多达50多个，穴坑的直径达12—15米，却没有发现支撑的木柱与树桩等任何遗迹，故判定这些住所是帐篷。帐篷拆装便利，非常适应游牧狩猎的生产和生活方式。在疑似帐篷遗址的大坑穴之间，还散布着许多直径1—2米的小坑，内见牛、羊、马等动物的碎骨及黠戛斯陶瓶的碎片，无疑是专门用于堆积炊事残余等垃圾的地方[③]。

黠戛斯人的住所形式，无论是毡帐还是木屋，皆会因社会地位高低、季节变化而有差别。《太平寰宇记》载：“阿热衙立木为栅，坐大毡帐，号为‘密的支’，其首领以降，皆有小毡帐，兼以木皮为屋。”[④]《新唐书》载其“冬处室，木皮为覆”，邻部也都以“桦皮覆室”[⑤]。黠戛斯阿热可汗居住在名曰“密的支”的大毡帐中，周围用立木围起，其他首领的居所都是小毡帐，或者是桦树皮覆顶的木屋，普通人夏天住帐篷，寒冷的冬天才住进木屋。当地森林资源较为丰富，史载“松高者仰射不能及颠，

---

① 〔苏联〕C. B. 吉谢列夫：《南西伯利亚古代史》（下册），第121页。

② 〔波斯〕胡杜德·阿勒·阿拉姆著，王治来、周锡娟译：《世界境域志》第14章“关于黠戛斯国”，第66页。

③ 〔苏联〕C. B. 吉谢列夫：《南西伯利亚古代史》（下册），第122页。

④ 《太平寰宇记》卷199《四夷·北狄·黠戛斯》，第3822页；《新唐书》卷217下《黠戛斯传》同载，“阿热驻牙青山，周栅代垣，联毡为帐，号‘密的支’，它首领居小帐”，第6148页；关于“密的支”具体所指，巴托尔德曾认为是《世界境域志》所载的“-K.M.JIATH镇”，第86页。

⑤ 《新唐书》卷217下《黠戛斯传》，第6148页。夏天抑或有如今鄂伦春等民族早期类似的“撮罗子”式的住处，但具体形制尚未见于文献记载。《通典》《唐会要》亦载其“以木为室，覆以木皮”。

而桦尤多”[1]。桦树提供了具有良好韧性的桦树皮，是覆盖屋顶的首选材料。建造房屋时，要先用原木搭出屋架，再上覆桦树皮挡风遮雨。黠戛斯东方的木马三突厥的都播、弥列哥、俄支邻部，居住习俗大都基本相近。

黠戛斯人出行的交通工具，主要借助畜力。尤其是陆路交通，当以马、骆驼等为主。从叶尼塞上游阿热可汗的牙帐，到鄂尔浑河上游的回鹘可汗牙帐，“橐它四十日行”[2]。因为骆驼能负重，有耐力，是主要的陆上交通工具。不论在战争期间还是平时，马以其速度的优势，都是首选的主要交通工具。

由于所处的叶尼塞河流域水系相连，许多冶炼遗址也都临水而建，便于运输。《新唐书》载其沿河地区，夏日可“偶艇以度（渡）”。来往可乘木筏、皮舟等水上交通工具。冬日“俗乘木马驰冰上，以板藉足，屈木支腋，蹴辄百步，势迅激”[3]，黠戛斯人借助号称“木马”的滑行器具，可在雪地上疾步行走如飞。至大蒙古国时期，乞儿吉思地区冬季依然使用这种类似滑雪板的交通工具捕猎、运输[4]。

第三节　婚嫁与丧葬习俗

文献与考古发现表明，黠戛斯的婚嫁与丧葬习俗具有明显的等级差别。唐杜佑撰《通典·边防·结骨》载，早期黠戛斯人的婚嫁习俗，是“婚姻无财聘”[5]。《新唐书·黠戛斯传》则曰：“昏嫁纳羊马以聘，富者或百千计。”[6] 汉文史籍出现了截然相反的表述。《苏吉碑》第7行称“我把我的女儿不要聘礼地嫁了出去”[7]，与《通典》关于黠戛斯“婚姻无财聘”

① 《新唐书》卷217下《黠戛斯传》，第6147页。

② 《新唐书》卷217下《黠戛斯传》，第6148页。

③ 《新唐书》卷217下《黠戛斯传》，第6148页。

④ 〔波斯〕拉施特著，余大钧、周建奇译：《史集》第1卷第1分册，第202、203页。

⑤ 《通典》卷200《边防·结骨》，第5492页。

⑥ 《新唐书》卷217下《黠戛斯传》，第6148页。

⑦ 耿世民：《古代突厥文碑铭研究》，《苏吉碑》，第226页。发现于今蒙古国北部苏吉大坂附近，故名《苏吉碑》，碑文共计11行，相关研究者认为立于840年黠戛斯进入蒙古高原之际。

的说法相佐证。因此，并不能排除婚姻习俗中以羊马作为聘礼的现象，毕竟“富者或百千计”多羊马，作为聘礼也在情理之中。

黠戛斯女性的文身习俗，是黠戛斯人特有的婚俗，“妇人嫁讫，自耳以下至项亦黥之”[①]“女已嫁黥项”[②]。黠戛斯的女子以“黥项”文身，区别其已婚或未婚。古代北方的匈奴、乌桓、突厥、回鹘等族，都存在收继婚现象。收继婚即父死，儿子可以娶后母；兄死，弟可娶其嫂为妻。在汉文文献中，并不见黠戛斯有收继婚习俗的明确记载，《通典》称“其俗大率与突厥同”，或许黠戛斯也存在收继婚的习俗[③]。

7—8世纪，黠戛斯葬俗接近于塔施提克文化的特征。最基本的民族学标志是火葬，以举行焚烧死者的仪式来纯净、整洁死者的灵魂。唐杜佑的《通典·边防·结骨》载，黠戛斯葬俗为“火葬，收其骨，踰年而为坟墓”[④]。宋人也载其葬俗为“乃火之，收其骨，岁而乃墓，然后哭泣有节”[⑤]。黠戛斯人死后是焚尸收骨入葬，一年后葬入墓，与此相佐证，叶尼塞河沿岸发掘的黠戛斯恰阿塔斯冢墓群，都有火葬习俗的遗存。但同时考古发现还显示，火葬仅仅是黠戛斯自由民的葬俗，为主人殉葬的仆人或奴隶，不能拥有火葬仪式。火葬，首先在墓穴周围挖出用于火葬的火塘，举行火葬仪式，完毕则收骨掩埋于墓穴中，同时放入墓穴的还有以绵羊胴为主的祭肉、陶器和用具等。9—10世纪，黠戛斯的埋葬习俗发生了变化，火葬的习俗几近消失，而流行以马随葬，但殷富的贵族仍存在火葬的习俗[⑥]。随葬品与埋葬习俗，反映了黠戛斯社会结构的复杂性。

考古发现，黠戛斯墓葬的陪葬品，与其经济生活息息相关。科彼内墓葬2号冢、6号冢的出土器物，可见其陪葬物的奢华，不仅陪葬有大量的牛羊骨架，还有铜、骨片、桦树皮、皮革、毛毡等不同材质、不同

---

① 《太平寰宇记》卷199《四夷·北狄·黠戛斯》，第3823页。

② 《新唐书》卷217下《黠戛斯传》，第6147页。

③ 《通典》卷200《边防·结骨》，第5492页。

④ 《通典》卷200《边防·结骨》，第5493页；《太平寰宇记》沿袭了《通典》的记载，第3823页。

⑤ 《新唐书》卷217下《黠戛斯传》，第6148页。

⑥ 〔苏联〕C. B. 吉谢列夫：《南西伯利亚古代史》（下册），第136—138页。

工艺制作的马镫、马具饰物、腰带等随葬品[①]。黠戛斯人的陪葬物多以马具为主,如6号冢发现了两个密室,所藏都是马具[②]。出土器物上的浮雕,也多以野兽纹为特色。陪葬物中还有不同材质、工艺的动物形偶，如恰阿塔斯墓出土木刻的包金、包银的绵羊饰，是6—8世纪非常流行的陪葬饰物[③]。7—8世纪的黠戛斯墓葬，还出土了马头形状的一对铜片[④]。

剺面是突厥人的古老习俗。生者在葬礼上哀悼死者时，用刀划面部，血泪俱下，用自残来表示哀痛和悲伤。在送别、诉冤、明志、请愿等场合，也用剺面来表达强烈的情感。汉文文献所见，黠戛斯人既有“丧不剺面”，又有“剺面”的记载。不剺面的记载,《通典》载:“若死，唯哭三声,不剺面。”[⑤]《新唐书》载:“丧不剺面,三环尸哭。”[⑥]剺面的记载,如《唐会要》记:“死丧刀剺其面。”[⑦]《册府元龟》记载与《唐会要》相同。由于缺乏佐证资料，对此姑且存疑。

第四节　宗教信仰、历法及其他习俗

黠戛斯人早期的宗教信仰，是崇拜自然的萨满教。黠戛斯人“祠神惟主水草，祭无时，呼巫为甘”[⑧]。原始萨满教源于人们对赖以生存的周边环境的敬畏，所以，黠戛斯人相信水草也有灵性，因此不定时地进行祭祀。主持祭祀的人被黠戛斯人称为“甘(kam)”。《突厥语大词典》将kam释为Saman(萨满),即萨满巫师[⑨]。至今叶尼塞河沿岸和阿尔泰地区的居民，还用甘(kam)来称呼萨满巫师[⑩]。

---

① 〔苏联〕C. B. 吉谢列夫:《南西伯利亚古代史》(下册)，第128页。

② 〔苏联〕C. B. 吉谢列夫:《南西伯利亚古代史》(下册)，第129页。

③ 〔苏联〕C. B. 吉谢列夫:《南西伯利亚古代史》(下册)，第143页。

④ 〔苏联〕C. B. 吉谢列夫:《南西伯利亚古代史》(下册)，第121页。

⑤ 《通典》卷200《边防·结骨》，第5493页。《太平寰宇记》沿用了《通典》“不剺面”的记载。

⑥ 《新唐书》卷217下《黠戛斯传》，第6148页。

⑦ 《唐会要》卷100《结骨国》，第1784页。黠戛斯人“不剺面”和“剺面”，研究者也持法不一。刘美崧:《两唐书回纥传·回鹘传疏证》，第165页，注释3。

⑧ 《新唐书》卷217下《黠戛斯传》，第6148页。

⑨ 麻赫默德·喀什噶里著，校仲彝等译:《突厥语大词典》(第3卷)，第215页。

⑩ 〔苏联〕C. B. 吉谢列夫:《南西伯利亚古代史》(下册)，第142页。

9世纪时，黠戛斯人的宗教信仰发生了变化，叶尼塞碑铭所见，除了萨满教、摩尼教（Manichaeism），黠戛斯人还信仰过袄教、景教及伊斯兰教等宗教。摩尼教是3世纪在巴比伦兴起的世界性宗教，9世纪初，摩尼教寺院已普遍存在于天山以南的高昌、龟兹、焉耆、乌什、阿克苏和天山以北的北庭。来往于此的信奉摩尼教的粟特商人去黠戛斯经商，很可能将此教也传入黠戛斯。如胡振华撰写的《柯尔克孜语言文化研究》中，就有两通碑铭提到了黠戛斯的摩尼教信仰。其中，《黠戛斯之子碑》载："Oğl(ï)n(ï)m (e)rde m(a)r(ï)m(ï)nča bol q(a)nqa t(a)p q(a)t(ï)ğl(a)n.（我的儿子们要像我的经师一样英勇，对汗效忠尽力）。"表达了碑主人对儿子们的希望。《乌尤克·阿尔汗碑》载："Eš(i)m［m］(a)rïm(ï)z.（我的伴侣，我们的经师）。"[①] 两碑文中出现的"marïma"一词，系由mar-+-ïm-+-a构成。词干mar-源于叙利亚词，是"师傅、教师、摩尼师"之意，可见黠戛斯人对摩尼教的信仰。

除了碑铭的记载，黠戛斯人对摩尼教的信仰，还反映在米努辛斯克古代岩画上，其中多处岩刻画面都发现了摩尼师的形象[②]。汉文文献仅见黠戛斯崇信萨满教的记载，并未提及黠戛斯人对摩尼教的信仰，或许与唐武宗朝禁断此教有关。

汉文文献所见，黠戛斯"谓岁首为茂师哀，以三哀为一时，以十二物纪年，如岁在寅则曰虎年"[③]。这与突厥的历法是一致的，黠戛斯人使用古突厥文字，也使用突厥历法，并向唐朝请求颁发中原的历法。

黠戛斯人称"岁首"为"茂师哀"，用古突厥文可转写为barš āy，意即开头的月，犹如中原人的"正月"。此外，也专指黠戛斯人的阳历新年（yāš）[④]，因为这是他们参照了草木返青的现象而认定的结果，并非对月相观察的结果，因此与天文现象无关[⑤]。黠戛斯人称"月亮"为"哀"，指代突厥的"阴历月"，"哀"即古突厥语（āy）的对音。但古突厥语（āy）

① 胡振华：《柯尔克孜语言文化研究》，第225页。

② 〔德〕赫尔芬著：《西伯利亚岩刻所见黠戛斯摩尼教》，杨富学译，《甘肃民族研究》1998年第3期。

③ 《新唐书》卷217下《黠戛斯传》，第6147页。

④ 〔法〕路易·巴赞著，耿昇译：《突厥历法研究》，第153页。

⑤ 〔法〕路易·巴赞著，耿昇译：《突厥历法研究》，第102页。

不仅表示“月亮”，同样也表示月份，即月亮—月份。由此表明，突厥人已经发现了月份的循环与月相变化周期之间的对应关系，将历法月称为“阴历月”[①]。黠戛斯碑铭对月份的记载，就有“ō n āy ilätdi ögüm.（她怀我十个阴历月，我的母亲）”。学者考证这里所指的月（āy），就是突厥文的“阴历月”[②]。此外，突厥历法以古代突厥语单词kün，表示日和太阳，以“太阳”来称呼“日（日子）”，即太阳—日[③]。“三哀为一时”是指古代突厥语的四季之分，突厥人依据自然界植物的枯荣变化，也将季节分为春（yāz）、夏（yāy）、秋（küz）、冬（kïš）四种，其中，春夏两季为美好季节[④]。黠戛斯人将每个季节又分为三个阴历月，如此一年也分为四个季节。

黠戛斯人以十二种动物纪年，这也是北方民族的传统纪年方法。突厥语民族的十二种动物基本是：鼠、牛、虎、兔、鳄鱼、蛇、马、羊、猴、鸡、狗、猪。除了回鹘使用“鱼”而不是鳄鱼以外，所采用的其他动物与中原的十二生肖基本相同。后突厥汗国的碑铭，使用十二种动物名称纪年，说明这种纪年方法在后突厥汗国非常流行。此间同样使用古突厥语的黠戛斯人，想必也采用干支配合十二种动物名称的纪年法[⑤]。据研究，“十二种动物，对于中原汉族主要是标志个人生年的属相生肖，用于命相占验之类的神秘习俗活动，纪年则自有干支、年号，而突厥并没有个人的属相生肖，只是借用其名来专门纪年而已，二者毕竟有所不同”[⑥]。但迄今为止，虽然黠戛斯也普遍使用突厥历法[⑦]，但并没有出现以十二生肖纪年的黠戛斯墓志铭。或许中原的历法或十二生肖纪年法，都没有被黠戛斯人广泛地使用。

汉文文献载，突厥人不知年历，唯以“草青为记”，实则源于对突厥历法缺乏了解。叶尼塞的突厥文碑铭中，早期黠戛斯人传统历法对“年”

① 〔法〕路易·巴赞著，耿昇译：《突厥历法研究》，第55页。
② 〔法〕路易·巴赞著，耿昇译：《突厥历法研究》，第149页。
③ 〔法〕路易·巴赞著，耿昇译：《突厥历法研究》，第50页。
④ 〔法〕路易·巴赞著，耿昇译：《突厥历法研究》，第62页。
⑤ 麻赫默德·喀什噶里著，校仲彝等译：《突厥语大词典》（第1卷），第365页。
⑥ 饶尚宽：《漫话突厥纪年》，《文史知识》2006年第8期。
⑦ 〔法〕路易·巴赞著，耿昇译：《突厥历法研究》，第165页。

的表示方法，以某人的“第几岁”（yāš）来表示，具体所指是某人的“年龄之年”，也就是“自然年”，而不是具有社会性质的“历法年或民用年”（yïl）[①]。这种习惯在“8—10世纪时，几乎是完整地继续存在于叶尼塞河流域的墓碑中”[②]。因此，所有已发现的叶尼塞铭文，完全不见明确表示“年”的词汇，而是碑文主人亡于“第几岁”。至晚在6世纪末，突厥汗国使用了中原的历法。840年以后，黠戛斯人也多次遣使唐朝，索求中原历法和汉儒经典。唐咸通四年（863），黠戛斯曾派遣使者合伊难支，向唐朝请求“经籍”，同时还要求“每年遣使走马请历”[③]。虽然黠戛斯人求过唐朝的历法，却不见其使用的痕迹。

此外，黠戛斯人有音乐、杂技等娱乐活动习俗。史载：“乐有笛、鼓、笙、觱篥、盘铃。戏有弄驼、师子、马伎、绳伎。”[④]汉文文献所列古代黠戛斯的乐器，基本都是中国、中亚古代的乐器，真实性待考。动物表演弄驼、师（狮）子，杂技的马伎、绳伎等，囿于史料记载不详，具体也不得而知。

黠戛斯文化习俗极具多元特色，既有草原游牧民族的传统因素，又吸收了中原唐朝的汉文化，这种现象在所有北方民族中也普遍存在。

综上所述，黠戛斯是北方民族史上占有重要地位的古代民族。从汉代起见诸史册，但与中原王朝的直接联系却始于唐代。同时，亦先后与匈奴、丁零、鲜卑、柔然、突厥、漠北回鹘等北方民族发生联系。黠戛斯民族在保持自己民族特色的同时，兼容或承继了其他民族的传统文化，如官制的设置、军队的组成方式、冶炼技术的掌握、文字的使用、多元的生产方式等，在其社会政治、经济和文化等方面都受到一定影响。

7世纪，黠戛斯始与唐朝直接来往，唐太宗在其活动地区设立了坚

① 〔法〕路易·巴赞著，耿昇译：《突厥历法研究》，第111页。

② 〔法〕路易·巴赞著，耿昇译：《突厥历法研究》，第155页。

③ 《资治通鉴》卷250《唐纪》咸通四年（863），第8229页。

④ 《新唐书》卷217下《黠戛斯传》，第6148页。

昆都督府。隶属于唐朝的黠戛斯，政治上特别是官制的设置，借鉴了唐朝许多官号、官职，使其在因袭北方民族传统官制的基础上，吸收了中原王朝的典章制度，因而呈现出多元性。军事上，黠戛斯听从唐朝的调遣，出兵突厥并助唐平定沙陀李克用之乱。经济上，与唐朝有密切贸易往来。击溃回鹘后，黠戛斯还得到了唐朝的册封，是与唐朝关系密切的民族之一。

8 世纪初，黠戛斯在与后突厥的抗争中，逐渐发展并形成了汗国。9 世纪 40 年代，黠戛斯击溃漠北霸主回鹘汗国，其后追击回鹘余众南下西征，势力影响远播至天山以及中亚。10 世纪时，波斯、阿拉伯文献对黠戛斯均以汗国相称，说明黠戛斯汗国依然存在并以强悍著称。黠戛斯的珍贵特产也闻名世界各地，不仅汉文文献，波斯、阿拉伯文献也都有黠戛斯对外贸易情况的记载，特别是黠戛斯与大食有密切的经济联系。10 世纪末至 13 世纪，辽金元时期，黠戛斯汗国从强盛逐渐走向衰弱。辽时，设辖戛斯国王府，为辽的属部之一，双方有贡使往来。辽亡后，以乞儿吉思之名与耶律大石有过接触。金朝时，部分黠戛斯人加入了金将粘罕的队伍。成吉思汗的大蒙古国兴起后，黠戛斯后裔乞儿吉思诸部试图反抗大蒙古征服，但并未摆脱汗国消亡的命运。

唐开成五年（840），黠戛斯击溃漠北回鹘汗国，迫使回鹘人西迁、南下，黠戛斯人也随即南下、西征回鹘残众。黠戛斯虽然并未实施对蒙古高原的实际统治，也没有占据像匈奴、突厥和回鹘一样的辽阔疆域，但反观黠戛斯击溃漠北回鹘汗国的意义，有些问题还是值得进一步思考。

首先，黠戛斯直接导致了漠北回鹘汗国的溃败，并引发了一系列的历史性变化：漠北回鹘离开了蒙古高原，大部西迁进入西域地区，相继建立政权，演变为高昌回鹘；契丹西进高原，扩展势力，造成了整个内亚统治格局的剧烈改变。从而对蒙古高原乃至中亚历史产生了巨大影响，黠戛斯堪称是蒙古高原与中亚历史发生转变的助推者。

其次，唐开成五年漠北回鹘汗国余部的西迁，标志着蒙古高原突厥语族统治的结束，蒙古语族各部的牧地日渐扩大，获得了极大的发展空间。居于呼伦贝尔草原的原蒙古人（即室韦—达怛人，蒙古民族的先民），得以逐渐西迁到蒙古高原的核心区域。伴随着各部的陆续迁入，蒙古语族各部的接触与往来也日益频繁，凝聚力得以增强。至 13 世纪，古代蒙古民族共同体得以形成。

纵观汉文文献的记载，唐代黠戛斯从受赐为坚昆都督府，到黠戛斯汗国建立、终其与唐朝的往来为止，没有困扰劫掠过唐朝边境，反而成为助力于唐朝并受到过二次册封的古代北方民族。对黠戛斯历史进行研究，具有极其深远的历史与现实意义。黠戛斯历史始于汉代，至唐代达到鼎盛，并曾隶属于唐朝，8 世纪进军漠北高原，击溃漠北回鹘汗国并致使回鹘西迁，从此声名远播，同时也导致天山地区政治格局的重新构建，对中亚历史也产生了重大影响。因此，该研究有两点突出的意义。首先是丰富了习近平总书记所倡导的“一带一路”所关联的中亚五国，尤其是吉尔吉斯的历史研究。其次，黠戛斯汗国终结了回鹘汗国在蒙古高原的统治，为蒙古语族各部得以西进高原，扩大发展空间，迅速发展势力提供了历史机遇，从而间接促进了古代蒙古民族共同体的形成。

参考书目

一、古籍

（一）中文古籍

（西汉）司马迁：《史记》，中华书局，1982年。

（东汉）班固：《汉书》，中华书局，1988年。

（南朝宋）范晔撰，（唐）李贤等注：《后汉书》，中华书局，1965年。

（晋）陈寿撰，（南朝宋）裴松之注：《三国志》，中华书局，1952年。

（梁）沈约：《宋书》，中华书局，2018年。

（梁）萧子显：《南齐书》，中华书局，1972年。

（北齐）魏收：《魏书》，中华书局，1974年。

（唐）令狐德棻等：《周书》，中华书局，1971年。

（唐）魏征等：《隋书》，中华书局，1973年。

（唐）李延寿：《北史》，中华书局，1983年。

（唐）杜佑撰，王文锦、王永兴、刘俊文等点校：《通典》，中华书局，1988年。

（唐）李林甫等撰，陈仲夫点校：《唐六典》，中华书局，1992年。

（唐）唐玄宗撰，母煚、余钦、韦述等执笔：《宋本大唐六典》，中华书局，1991年。

（唐）李德裕：《会昌一品集》，上海古籍出版社，1994年。

（唐）段成式等撰，曹中孚等校点：《酉阳杂俎》，上海古籍出版社，2012年。

（后晋）刘昫等：《旧唐书》，中华书局，1975年。

（金）刘祁撰，崔文印点校：《归潜志》，中华书局，1983年。

（宋）苏轼：《苏东坡全集》，世界书局，1936年。

（宋）司马光编著，（元）胡三省音注：《资治通鉴》，中华书局，1956年。

（宋）宋敏求：《唐大诏令集》，商务印书馆，1959年。

（宋）李昉等编：《文苑英华》，中华书局，1966年。

（宋）欧阳修、宋祁：《新唐书》，中华书局，1975年。

（宋）王溥：《唐会要》，中华书局，1955年。

（宋）王钦若等编修：《册府元龟》，中华书局，1960年。

（宋）徐梦莘：《三朝北盟会编（附索引）》，上海古籍出版社，2008年。

（宋）乐史撰，王文楚等点校：《太平寰宇记》，中华书局，2007年。

（元）脱脱等：《辽史》，中华书局，1974年。

（元）脱脱等：《宋史》，中华书局，1977年。

（明）宋濂等：《元史》，中华书局，1976年。

（明）王夫之：《读通鉴论》，国学整理社，1936年。

（清）董诰等编：《全唐文》，中华书局，1983年。

（清）彭定求等校点：《全唐诗》，中华书局，1960年。

（清）钱绎：《方言笺疏》，上海古籍出版社，1984年。

张氏泽存堂影印本：《宋本广韵》，北京中国书店，1982年。

王国维校注：《圣武亲征录校注》，上海古籍出版社，1983年。

孔凡礼点校：《苏轼文集》，中华书局，1986年。

余大钧译注：《蒙古秘史》，河北人民出版社，2001年。

（二）汉译古籍

〔波斯〕阿拉姆著，王治来、周锡娟译：《世界境域志》，新疆社会科学院中亚研究所，1983年。

〔法〕费琅辑注，耿昇、穆根来译：《阿拉伯波斯突厥人东方文献辑注》，中华书局，1989年。

〔阿拉伯〕胡尔达兹比赫著，宋岘译，郅溥浩校订：《道里邦国志》，中华书局，1991年。

〔波斯〕拉施特著，余大钧、周建奇译：《史集》，商务印书馆，1983年。

〔美〕摩尔根著，杨东莼、马雍、马巨译：《古代社会》，商务印书馆，1977 年。

〔伊朗〕志费尼著，何高济译，翁独健校订：《世界征服者史》，内蒙古人民出版社，1980 年。

二、参考论著

（一）中文专著

白玉冬：《九姓达靼游牧王国史研究（8—11 世纪）》，中国社会科学出版社，2017 年。

岑仲勉：《突厥集史》，中华书局，1958 年。

岑仲勉：《西突厥史料补阙及考证》，中华书局，1958 年。

岑仲勉：《通鉴隋唐纪比事质疑》，中华书局，1964 年。

岑仲勉：《岑仲勉史学论文集》，中华书局，1990 年。

丁声树：《古今字音对照手册》，科学出版社，1958 年。

傅璇琮、周建国校笺：《李德裕文集校笺》，河北教育出版社，2000 年。

耿世民：《古代突厥文碑铭研究》，中央民族大学出版社，2005 年。

顾颉刚、章巽编著，谭其骧校订：《中国历史地图集》（古代史部分），地图出版社，1955 年。

郭锡良：《汉字古音手册》，北京大学出版社，1986 年。

韩儒林：《穹庐集》，河北教育出版社，2000 年。

贺继宏、张光汉主编：《中国柯尔克孜族百科全书》，新疆人民出版社，1998 年。

侯林柏：《唐宋两朝边疆史料比事质疑》，南天书业公司，1976 年。

胡振华：《柯尔克孜语言文化研究》，中央民族大学出版社，2006 年。

华涛：《西域历史研究（八至十世纪）》，上海古籍出版社，2000 年。

吉宗安：《西辽史论·耶律大石研究》，新疆人民出版社，1996 年。

柯尔克孜族简史编写组：《柯尔克孜族简史》，新疆人民出版社，1986 年。

李符桐：《回鹘史》，文风出版社，1963 年初版。

林幹：《突厥与回纥历史论文选集（1919—1981）》，中华书局，

1987年。

林幹：《突厥史》，内蒙古人民出版社，1988年。

林幹、高自厚：《回纥史》，内蒙古人民出版社，1994年。

刘美崧：《两唐书回纥传·回鹘传疏证》，中央民族学院出版社，1988年。

马长寿：《突厥人和突厥汗国》，上海人民出版社，1957年。

马长寿：《乌桓与鲜卑》，上海人民出版社，1962年。

马大正、冯锡时主编：《中亚五国史纲》，新疆人民出版社，2000年。

芮传明：《古突厥碑铭研究》，上海古籍出版社，1998年。

谭其骧主编：《中国历史地图集》（秦·西汉·东汉时期），地图出版社，1982年。

谭其骧主编：《中国历史地图集》（隋·唐·五代十国时期），地图出版社，1982年。

王国维：《观堂集林》，中华书局，1959年。

王力：《汉语语音史》，中国社会科学出版社，1985年。

王力：《同源字典》，商务印书馆，1999年。

王小甫：《唐、吐蕃、大食政治关系史》，北京大学出版社，1992年。

王元化主编：《学术集林》，上海远东出版社，1996年。

王仲荦：《䃟华山馆丛稿续编》，山东大学出版社，1995年。

魏良弢：《西辽史研究》，宁夏人民出版社，1987年。

薛宗正辑注：《突厥稀见史料辑成——正史外突厥文献集萃》，新疆人民出版社，2005年。

严耕望：《唐代交通图考》，上海古籍出版社，2007年。

杨富学：《中国北方民族历史文化论稿》，甘肃人民出版社，2001年。

亦邻真：《亦邻真蒙古学文集》，内蒙古人民出版社，2001年。

余太山主编：《欧亚学刊》（第1辑），中华书局，1999年。

中国内蒙古自治区文物考古研究所、蒙古国游牧文化研究国际学院、蒙古国国家博物馆：《蒙古国浩腾特苏木乌布尔哈布其勒三号四方形遗址发掘报告（2006年）》，文物出版社，2008年。

中国社会科学院历史所隋唐辽宋金元史研究室主编：《隋唐辽宋金元史论丛》（第1辑），紫禁城出版社，2011年。

周清澍:《内蒙古历史地理》，内蒙古大学出版社，1994年。

周伟洲:《敕勒与柔然》，上海人民出版社，1983年。

周祖谟校笺，吴晓铃通检:《方言校笺及通检》，科学出版社，1956年。

周祖谟:《唐五代韵书集存》，中华书局，1983年。

（二）中文论文

巴哈提·依加汉:《9世纪中叶以后黠戛斯的南下活动》,《西域研究》1991年第3期。

崔明德:《李陵·拓跋氏·黠戛斯——兼论汉唐时期北方少数民族的寻根现象和认同心态》,《烟台大学学报》(哲学社会科学版)1995年第1期。

陈庆隆:《坚昆、黠戛斯与布鲁特考》,《大陆杂志》1975年第51卷第5期。

郭平梁:《十至十八世纪初的乞儿吉思》,《新疆社会科学》1983年第4期。

郭平梁:《从坚昆都督府到黠戛斯汗国》,《西域史论丛》(第2辑),新疆人民出版社，1985年。

华涛:《回鹘西迁及东部天山地区的政治形势》,《西北民族研究》1990年第1期。

贾丛江:《黠戛斯南下和北归考辨》,《西域研究》2000年第4期。

贾丛江:《回鹘西迁诸事考》,《西域研究》2001年第4期。

蒋其祥、周锡娟:《九至十三世纪初突厥各部的分布与变迁》,《新疆社会科学》1983年第4期。

李经纬:《突厥如尼文〈苏吉碑〉译释》,《新疆大学学报》(哲学社会科学版)1982年第2期。

林梅村、陈凌、王海城:《九姓回鹘可汗碑研究》,《欧亚学刊》(第1辑),中华书局，1999年。

刘正寅:《〈史集·部族志·乞儿吉思部〉研究》,《中国边疆史地研究》2013年第1期。

孟楠:《古代黠戛斯人“剺面”习俗小考》,《中国西北边疆》2004

年第 1 期。

孟楠:《黠戛斯人剺面习俗研究》,《西域研究》2007 年第 3 期。

宁夏回族自治区博物馆、宁夏固原博物馆:《宁夏固原北周李贤夫妇墓发掘简报》,《文物》1985 年第 11 期。

潘其风:《从颅骨资料看匈奴族的人种》,《中国考古学研究——夏鼐先生考古五十年纪念论文集》(二集),科学出版社,1986 年。

乌兰:《蒙古征服乞儿吉思史实的几个问题》,《中国蒙古史学会成立大会纪念集刊》,中国蒙古史学会编印,1979 年。

王洁:《唐咸通年间授封黠戛斯考》,《内蒙古社会科学》(汉文版)2014 年第 2 期。

武仙竹、王照魁:《鹊影菱花满光彩:俄罗斯米努辛斯克盆地古代文明交融新证》,《大众考古》2016 年第 4 期。

薛宗正:《柔然汗国的兴亡——兼论丁零、铁勒系族群的西迁与崛起》,《西域研究》1995 年第 3 期。

薛宗正:《黠戛斯的崛兴》,《民族研究》1996 年第 1 期。

雅森·吾守尔:《古代汉文文献中"匈奴"等名称的回鹘语译名》,《民族语文》2006 年第 1 期。

亦邻真:《中国北方民族与蒙古族族源》,《内蒙古大学学报》(哲学社会科学版)1979 年第 3、4 期。

张定京主编:《中亚民族语言文化研究——中央民族大学建校 60 周年胡振华教授诞辰 80 周年"2011 中亚民族语言文化论坛"论文集》,中央民族大学出版社,2012 年。

张广达、荣新江:《有关西州回鹘的一篇敦煌汉文文献——S6551 讲经文的历史学研究》,《北京大学学报》(哲学社会科学版)1989 年第 2 期。

张久和:《阴山达怛史迹钩沉》,《内蒙古大学学报》(人文社会科学版)1999 年第 2 期。

郑元珑:《隋唐时代黠戛斯部与中原王朝关系初探》,《福建师范大学学报》(哲学社会科学版)2004 年第 4 期。

周连宽:《苏联南西伯利亚所发现的中国式宫殿遗址》,《考古学报》1956 年第 4 期。

周锡娟:《从〈世界境域志〉看唐末五代时西域突厥诸部的分布》,

《中亚研究资料》1983年第3期。

朱泓：《人种学上的匈奴、鲜卑与契丹》，《北方文物》1994年第2期。

〔韩〕丁载勋：《回鹘汗国灭亡原因新探》，《文史哲》2001年第6期。

（三）汉译专著

〔日〕安部健夫著，宋肃瀛、刘美崧、徐伯夫译：《西回鹘国史的研究》，新疆人民出版社，1985年。

〔法〕巴赞著，耿昇译：《突厥历法研究》，中华书局，1998年。

〔苏联〕巴托尔德著，罗志平译：《中亚突厥史十二讲》，中国社会科学出版社，1984年。

〔苏联〕巴托尔德著，张丽译：《中亚历史——巴托尔德文集第2卷第1册第1部分》，兰州大学出版社，2013年。

〔苏联〕伯恩什达姆著，杨讷译，郝镇华校：《6至8世纪鄂尔浑叶尼塞突厥社会经济制度（东突厥汗国和黠戛斯）》，新疆人民出版社，1997年。

〔蒙〕策温道尔吉、巴雅尔、策仁达格娃等著，莫洛尔俄译，潘玲、何雨濛、萨仁毕力格译，杨建华校：《蒙古考古》，上海古籍出版社，2019年。

〔日〕长泽和俊著，钟美珠译：《丝绸之路史研究》，天津古籍出版社，1990年。

冯承钧译：《西域南海史地考证译丛》，商务印书馆，1995年。

〔法〕格鲁塞著，蓝琪译，项英杰校：《草原帝国》，商务印书馆，1998年。

〔苏联〕胡德雅科夫：《连接古丝绸之路和南西伯利亚的商道》，《十世纪前的丝绸之路和东西文化交流》，新世界出版社，1996年。

〔法〕吉罗著，耿昇译：《东突厥汗国碑铭考释——骨咄禄、默啜和毗伽可汗执政年间（680—734）》，新疆社会科学院历史研究所，1984年。

〔苏联〕吉谢列夫：《南西伯利亚古代史》，新疆社会科学院民族研究所，1985年。

〔苏联〕克利亚什托尔内著，李佩娟译：《〈古代突厥鲁尼文碑铭〉——中亚细亚史原始文献》，黑龙江教育出版社，1991年。

〔苏联〕库德里亚夫采夫、鲁缅采夫等著，高文德译：《布里亚特蒙古史》，中国社会科学院民族研究所社会历史室，1978年。

〔哈萨克斯坦〕Kamalov：《8—9世纪回鹘汗国史》（Drevnie Uygury VIII-IX vv.），阿拉木图出版，2001年。

〔俄〕李特文斯基主编，马小鹤译：《中亚文明史》，中国对外翻译出版公司，2003年。

〔美〕麦高文著，章巽译：《中亚古国史》，中华书局，1958年。

〔苏联〕蒙盖特著，中国科学院考古研究所资料室译：《苏联考古学》，中国科学院考古研究所资料室，1963年。

〔日〕内田吟风等著，余大钧译：《北方民族史与蒙古史译文集》，云南人民出版社，2003年。

〔法〕沙畹（E.Chavannes）著，冯承钧译：《西突厥史料》，中华书局，1958年。

〔日〕松田寿男著，陈俊谋译：《古代天山历史地理学研究》，中央民族学院出版社，1987年。

（四）汉译论文

〔苏联〕巴托尔德著：《加尔迪齐著〈记述的装饰〉摘要》，王小甫译，陈继周校，《西北史地》1983年第4期。

〔法〕韩百诗著：《谦河考》，耿昇译，《蒙古学信息》1999年第1期。

〔德〕赫尔芬著：《西伯利亚岩刻所见黠戛斯摩尼教》，杨富学译，《甘肃民族研究》1998年第3期。

〔俄〕胡佳科夫著：《论中世纪时代外贝加尔与南西伯利亚的文化联系》，王清民译，《北方文物》1996年第1期。

〔俄〕胡佳科夫著：《萨彦—阿尔泰古代和中世纪游牧民的武器窖藏》，智河译，《中国北方及蒙古、贝加尔、西伯利亚地区古代文化》（中），科学出版社，2015年。

〔苏联〕吉谢列夫：《蒙古的古代城市》，《史学译丛》1987年第3期。

喀什噶里著，校仲彝等译：《突厥语大词典》，民族出版社，2001年。

〔哈萨克斯坦〕卡玛洛夫：《8—9世纪中亚游牧回鹘人的物质文化》，彭杰译，《新疆师范大学学报》（哲学社会科学版）2005年第2期。

〔苏联〕克里亚什托尔内：《铁尔浑碑（研究初稿）》，伊里千译，《民族译丛》1981 年第 5 期。

〔俄〕科维切夫著：《东外贝加尔的中世纪焚尸葬墓及其民族文化的阐释》，邱立英译，《北方文物》1996 年第 1 期。

马卫集著：《马卫集论突厥》，胡锦州、田卫疆摘译，《中亚研究资料》1984 年第 3 期。

〔匈牙利〕马尔丁奈兹（A. P. Martinez）著：《迦尔迪齐论突厥》，杨富学、凯旋译，《朔方论丛》（第四辑），内蒙古大学出版社，2015 年。

〔加〕Pulleyblank：《柯尔克孜族称考》，《阿尔泰学论丛》，新疆大学出版社，1994 年。

〔日〕森安孝夫：《チベット語史料中に現れる北方民族— DRU-GU と HOR —》，《アジアアフリカ言語文化研究》1977 年第 14 期。

〔日〕森安孝夫：《敦煌藏语史料中出现的北方民族——DRU-GU 与 HOR》，陈俊谋译，《西北史地》1983 年第 2 期。

三、外文文献

齐会君：《唐のキルギス宛国書の発給順と撰文過程——ウイグル交替期を中心に》，《東洋學報》2018 年第 100 卷。

〔日〕白石典之：《9 世紀後半から 12 世紀のモンゴル高原》，《東洋學報》2001 年第 82 卷第 4 号。

〔日〕江上波夫：《ユウラシア北方民族の葬礼における剺面、截耳、剪发について》，《ユウラシア北方文化の研究》，山川出版社，1951 年。

〔日〕森安孝夫、ォチル主编：《モンゴル国現存遺蹟・碑文調査研究報告》，中央ユーラシア学研究会，1999 年。

〔日〕枡本哲：《南シベリアアバカン近郊発見の玉冊片について》，《大阪府埋葬文化財協会研究紀要——設立 10 周年記念論集——》（第 3 辑），1995 年。

〔日〕岩佐精一郎：《突厥毘伽可汗碑文の紀年》，《東洋學報》1936 年第 23 卷第 4 号。

Drompp M R, Breaking the Orkhon Tradition: Kirghiz Adherence to the Yenisei Region after A D 840. Journal of the American Oriental Society, 1999, 3.

Drompp M R, The Yenisei Kyrgyz from Early Times to the Mongol Conquest. The Turks: Early Ages. Yeni Turkiye, 2002.

〔苏联〕Khud'akov, The Commercial Routes Binding “The Great Silk Road” with Southern Siberia. Land Rountes of the Silk Roads and the Cultural Exchanges Between the East and West Before the 10th Century. New World Press, 1996.

〔哈萨克斯坦〕Kamalov：Drevnie Uygury Ⅷ-Ⅸ vv.，阿拉木图出版，2001 年。

索　　引

H

J

K

L

W

X

Y

Z

Abstract

Xiajiasi (黠戛斯) was a northern ethnic group living in the Jianhe River (today upper Yenisei River in Russia) in the Tang Dynasty, who was the descendant of Jiankun in the Han Dynasty and the ancestor of Kirgiz in present-day China and Kyrgyz Republic.

Xiajiasi had contacts with the northern ethnicities in different periods, including Xiongnu, Dingling, Xianbei, Rouran, Tujue, Huihu, Qidan, Shiwei, and Mongol. In the Western Han period, Jiankun was defeated by Modu, the chief of Xiongnu, as recorded in *Shiji and Hanshu*. However, according to the historical texts there was no direct contact between the Central Plains and Jiankun, although the Chinese transliteration of the ethnic name appeared in the Western Han period. It was only during the Sui and Tang period did it begin to have frequent contact with the Central Plains, Tujue, and Huihu. In the 22st year of the Zhenguan reign period (648 AD), it had become one of the autonomous prefectures of the Tang after the chief of it entered the Tang with the various tribes of Tiele. The Tang emperor named the prefecture the Chief Military Command of Jiankun. At the beginning of the 8th century, it had developed and become a khanate in the struggle against the Khanate of the Later Tujue. In the 5th year of the Kaicheng reign period of the Tang (840 AD), it finally routed the capital of the Khanate of Huihu after years of fighting. Through marching to the north of the Gobi area and chasing remnant people of Huihu to the west and south, Xiajiasi was weakened gradually and became a vassal of the Liao dynasty. In the 13th century, its descendant Kirgis was defeated by Genghis Khan.

The historical contributions of Xiajiasi were routing the Khanate of

Huihu and ending the rule of Turkic ethnicities on the north of the Gobi area. Numerous remnant people of Huihu migrated to the west and south, which had changed the political patterns of the Mongolian plateau and Inner Asia and indirectly created conditions for forming the Mongolian ethnic community.

So far, the research on Xiajiasi was rather insufficient with many challenges to solve. This book briefly illustrates the history of Xiajiasi for promoting in-depth research.

后　记

有幸承担并完成《中国古代北方民族史·黠戛斯卷》的撰写，交付出版之际，由衷感谢编写组诸位师长、同仁，出版社编辑的信任与支持，并对他们的付出深表敬意。

我自考入内蒙古大学攻读北方民族史硕士学位研究生时，即在导师的指导下确定了以黠戛斯历史为研究方向。攻读博士学位研究生后，仍以黠戛斯为题，完成了毕业论文。前后算来，至今已近20年。此次，国家社会科学基金重大委托项目“蒙古族源与元朝帝陵综合研究”的子课题《中国古代北方民族史》十卷本，选定“黠戛斯”作为其中一种，命我担纲，唯恐有负众望，内心一度犹豫。有关黠戛斯的史料零散，可资借鉴成果少，研究难度大。所幸有以往较为坚实的学术积累，有强大团队的支撑，使得我接受并顺利地完成了这项有意义的研究工作。书稿完成后，编写组与编辑团队严格把关，经过多次核准校对，检索纰漏，甄别衍误等工作，此书方得以最终成稿付梓，其中蕴含着许多人的无私奉献。

囿于史料匮乏，中外学界对黠戛斯历史尚鲜有系统研究。拙作仅可视为抛砖之作，难免流于肤浅。恳请学界同行及热爱历史的诸位读者，多提宝贵意见与建议，以期在今后的研究中，得以纠正改进。

王　洁

2021年6月

总后记

在十卷本《中国古代北方民族史》即将出版之际，我们感觉有一些与全书有关的人和事应该记下来，权做一个交代和备忘。

2011年春季，由时任内蒙古自治区呼伦贝尔市委常委、统战部部长孟松林同志召集，中国社会科学院考古研究所内蒙古第一工作队队长刘国祥研究员、呼伦贝尔民族博物院院长白劲松研究员具体组织，辽宁师范大学历史文化旅游学院院长田广林教授、内蒙古大学历史与旅游文化学院院长张久和研究员等人参加，在海拉尔落实论证由时任十一届全国政协副主席、中国社会科学院院长、党组书记陈奎元同志倡议的“蒙古族源与元朝帝陵综合研究”项目方案，填报立项申报书，通过中国社会科学院科研局，报送至全国哲学社会科学规划办公室。2012年8月，“蒙古族源与元朝帝陵综合研究”被列为国家社会科学基金重大委托项目（批准号为12@ZH014），研究周期为10年。中国社会科学院科研局作为项目主管单位，中国社会科学院考古研究所、内蒙古自治区文物局、呼伦贝尔市人民政府作为项目联合实施单位，内蒙古大学历史与旅游文化学院作为项目协作单位之一。王巍、孟松林二位先生担任项目首席专家，设北京和呼伦贝尔两个项目办公室，刘国祥、白劲松分别担任主任，组织全国相关科研机构和高校研究人员，以考古学为主，结合历史学、民族学、人类学、社会学、地理学等开展综合研究，力争取得具有国际影响力的学术成果。根据工作计划，2013—2014年，刘国祥作为考古领队主持发掘了海拉尔区谢尔塔拉、陈巴尔虎旗岗嘎两处墓地，经过研究确认这两处墓地均为室韦人遗存。谢尔塔拉和岗嘎墓地的发现、识别和初步研究，为室韦史、北方民族史研究提供了丰富、直观的珍贵资料，对研究蒙古族族源问题具有重要学术价值。该重大委托项目的设立、室韦考古学文化遗存的发现与识别、共同的学术追求和多年来建立的深厚友谊，为我们开展相关合作研究奠定了坚实基础。

2017 年 6 月末，项目组在海拉尔召开学术研讨会，经过讨论，我们认为组织编写一套北方民族史著作的时机和条件基本成熟，根据项目实施计划，需要编写出版一部系统性的、与蒙古族起源史具有密切关系的历史学研究成果。于是，决定主要依托内蒙古大学培养的北方民族史科研力量组成学术团队编写《中国古代北方民族史》，并作为国家社会科学基金重大委托项目"蒙古族源与元朝帝陵综合研究"的子课题。达成共识后，经过准备，2017 年 8 月 16 日即在内蒙古大学召开了第一次"中国古代北方民族历史与考古系列学术研讨会"。在这次会议上，组建编写组，确定张久和、刘国祥为主编，何天明、白劲松为副主编，胡玉春、何天明、梁云与白劲松、袁刚、包文胜、吴飞、王洁、冯科、王丽娟、张久和与刘国祥为各卷作者，形成了老中青结合的学术团队。讨论了编写大纲、撰写内容、人员分工、全书体例和编纂要求等事项，标志着该项研究工作的正式启动。考虑到北方民族历史发展的连续性、诸北方民族的重要历史地位、与学界蒙古族起源说有关的北方民族、团队成员的科研主攻方向和前期的学术成果积累等因素，确定了以匈奴、乌桓、拓跋鲜卑、柔然、突厥、回鹘、黠戛斯、契丹、库莫奚和室韦这十个北方民族为研究对象，按族别史体例，一族一卷，形成十卷本的《中国古代北方民族史》。此后，十卷作者分别进入了研究和撰写阶段。

从研究工作启动，截至 2021 年 1 月，编写组以"中国古代北方民族历史与考古系列学术研讨会"的名义又召开了六次以推进研究、解决问题为主要目的务实会议。2017 年 11 月 11—12 日，第二次"中国古代北方民族历史与考古系列学术研讨会"在海拉尔召开，各卷著者就第一部分试写稿内容及相关事宜做了说明，与会人员充分讨论并提出了修改完善建议，并进一步讨论细化了各卷大纲。2018 年 7 月 31 日—8 月 1 日，第三次会议在内蒙古大学召开，以各卷撰写进展汇报为主题，与会专家围绕各卷完成的基本内容、学术创新、难点等展开了深入的学术研讨。2019 年 2 月 16—17 日，第四次会议在科学出版社召开，社领导高度重视，专门为每卷书稿选定一位编辑，个别卷甚至配备了两位编辑，开始与各卷作者对接。此次会议以撰写进展汇报为主要议题，作者、编辑和相关专家学者等与会人员围绕编写内容、编写进度、主旨思想、学术重点、学术规范、出版规范等内容进行了深入细致的研讨。

在第四次会议上基本确定了各卷完成和上交初稿的时间段。为了提高效率、保证质量，决定组成由张久和、何天明、冯科、曹磊、王石雨、任翔为主要成员的统稿小组，远离喧嚣闹市，摆脱杂事干扰，进行封闭集中统稿。2019 年 3 月 25—30 日，统稿小组在赤峰市红山区赤峰宾馆进行了第一次统稿，统阅胡玉春《匈奴卷》、王洁《黠戛斯卷》、王丽娟《库莫奚卷》三部书稿。中国社会科学院考古研究所内蒙古第一工作队承担了后勤保障工作。2019 年 4 月 8—13 日，在山西省朔州市右玉县进行了第二次统稿，得到右玉县文史学者王泽民先生的热情接待和周到安排。本次集中统阅何天明《乌桓卷》，梁云、白劲松《拓跋鲜卑卷》和张久和、刘国祥《室韦卷》三部书稿。2019 年 5 月 6—11 日，在赤峰市敖汉旗进行了第三次统稿。统阅袁刚《柔然卷》、包文胜《突厥卷》、吴飞《回鹘卷》、冯科《契丹卷》四部书稿。中国社会科学院考古研究所内蒙古第一工作队负责后勤保障工作，内蒙古史前文化博物馆田彦国馆长给予了热情支持。实际上，每一次统稿所用时间并不止于一周，每次回到呼和浩特后，统稿、校对人员各自又费时十余天才完成了相关工作。统稿小组诸位成员不辞辛苦，认真投入，指出和改正了书稿中存在的一些具体问题，提出了整体修改完善建议，在充分保证学术质量的同时，有效推进了编纂工作。

2019 年 7 月 13—14 日，第五次会议在中国社会科学院考古研究所召开，主要就全书的统稿情况，各卷的作者简介、内容简介、内容摘要翻译、配图、索引，出版阶段的有关问题及解决方案、下半年工作计划等进行讨论，做出了安排和要求，对此前整体工作做了总结。总体而言，五次会议就全书编写提纲、体例、结构、内容、编纂要求、进展等相关工作展开充分讨论，及时解决出现的问题，为整体工作的顺利进行起到了良好作用，推动了编纂进度，提高了内容质量。在第五次研讨会成果基础上，各卷作者用时近两个月完成相关工作内容，十卷书稿于 2019 年 9 月一次性交付出版社，正式进入编辑出版程序。至 2020 年 9 月，各卷先后审完作者样。

2020 年 9 月 7—12 日，第六次“中国古代北方民族历史与考古系列学术研讨会”在海拉尔召开，各卷作者、部分项目组专家、出版社编辑等参会，讨论确定了各卷作者样、索引、英文摘要、后记等最后上交期限以及后期编辑、出版方面的问题，对整体工作做了总结，对下一步工作做了安排。

2021年1月27日，第七次“中国古代北方民族历史与考古系列学术研讨会”通过线上方式举办，本次会议以《中国古代北方民族史》十卷本书稿的外审意见反馈沟通为主要议题，各卷作者与编辑人员围绕相关建议进行研讨，并就书稿进一步的修改与编校深入交流意见。与会专家一致认为，送审意见既体现了对国家有关政策的深入理解，又有对具体写作表述细节的精准见解，是进一步开展书稿修改编校的工作指南，落实好上级部门的送审意见是书籍能够高质量面世的重要前提。各卷作者表示，一定会认真领会送审意见，与责编紧密配合，做好书稿修改工作，用优质学术成果回馈社会。张久和研究员在发言中指出，本套书全体撰写、编辑人员在实际工作中要始终贯彻好“铸牢中华民族共同体意识”的要求，一定要根据送审意见全面解决还存在的各种学术和技术问题，对于一些难点问题可以再次进行讨论，找到最佳解决方案，确保书籍质量。刘国祥研究员在会议总结时强调，习近平总书记在哲学社会科学工作座谈会上的讲话、致中国历史研究院成立的贺信以及2020年9月28日在中央政治局第二十三次集体学习时发表的《建设中国特色中国风格中国气派的考古学　更好认识源远流长博大精深的中华文明》的重要讲话，为历史学研究和考古学研究提供了科学指引，也为我们的工作注入了强劲的动力。在各卷编写的过程中均注重吸收最新的考古学研究成果，促进了历史学与考古学的融合发展，提升了该项成果的学术价值和创新价值。

自决定编写《中国古代北方民族史》开始，从论证体例、结构，斟酌目录、编纂要求，到试写内容的讨论、完成初稿，再到统稿中的增删修改、核对史料、提出总体建议、修改完善书稿，直到选图配图、编制索引、校对书稿等，整个过程大家各尽其责，团结协作，体现了应有的专业素养和团队意识。应该说我们尽了很大努力去组织全书的编纂，各卷作者也克服困难、夜以继日地工作，但从2017年8月启动，到2019年9月正式交稿，撰写时间毕竟太短，作者又各有学习、教学、科研甚至行政工作任务，投入的时间和精力难以保证；加之成果积累程度不同，其中半数有博士论文作基础，有数年或十余年的积淀，编纂起来相对容易；有的纯粹白手起家，从收集分析史料、总结归纳前人成果做起，再进行研究，工作量和难度确实很大；有的作者年轻，刚刚踏入史学门槛，想法稚嫩，功力尚浅，难免存在许多缺陷。吸收青年学人加入团队，也是抱着锻炼、培养和带动他们成长的目的。因此，虽然全书整体体例、编写要求等大体一致，但在内容论述深度、提出和解决问题等方面还各存差异，在学术上尚存在很大的提升和完善空间，一定会有许多不足和遗憾之处。考虑到"蒙古族源与元朝帝陵综合研究"重大委托项目的迫切需要，以及国内外尚无一次性推出以族别史为体例的多卷本北方民族史成果的现实，我们不揣浅陋，把十卷本《中国古代北方民族史》作为一项团队研究北方民族史的阶段性学术成果呈现出来，供学界同仁批评指正，以达到抛砖引玉，锻炼队伍，增进交流，推动研究的目的。

从启动编写到正式出版，费时四年。我们能够顺利完成这项研究工作，离不开各位领导、学界同仁、出版社编辑和媒体记者朋友的大力支持和鞭策。"蒙古族源与元朝帝陵综合研究"重大委托项目首席专家王巍先生、孟松林先生宏观指导、鼎力支持，同意将《中国古代北方民族史》列为重大委托项目子课题资助研究。孟松林院长每次会议均到场致辞，亲切关怀，热情鼓励，增强了编写组成员的信心。内蒙古大学党委书记朱炳文同志，校长陈国庆教授，副校长张吉维教授、高光来教授、额尔很巴雅尔教授始终关心关注这项工作，多次询问研究、出版进展，学校并以"双一流"建设经费予以科研资助。中共呼伦贝尔市委书记于立新同志对该项目给予了高度重视和大力支持，多次听取项目组工作汇报，帮助解决诸多实际困难，有力保障了该项目的顺利实施。内蒙古自治区社会科学院院长李春林研究员亲临研讨会，给予指导帮助。中国社会科学院考古研究所的各位领导对该项目始终给予关心和支持，陈星灿所长多次听取项目工作汇报，积极推动本套书的编辑和出版工作。中国历史研究院副院长李国强研究员对该项目给予了学术指导和热情帮助。中国科技出版传媒股份有限公司（科学出版社）副总经理闫向东先生、文物考古分社副社长孙莉女士，高度重视项目进程，并在2017年底将项目确立为出版社的重大项目，极大鼓舞了编写者的士气。同时还为每本图书配备了优秀编辑，积极协调出版事宜，为图书出版提供了有力保障。各卷责任编辑审读校阅，纠错证谬，确保了出版质量。新华通讯社记者李